戦国武将《ぶしょう》
三英傑《さんえいけつ》大図鑑
織田信長《おだのぶなが》の戦い

戦国乱世《らんせい》に生きた英傑《えいけつ》とライバルたちが激突《げきとつ》！

戦国時代に天下統一《てんかとういつ》の野望をいだいた三人の英傑《えいけつ》――織田信長《おだのぶなが》、豊臣秀吉《とよとみひでよし》、徳川家康《とくがわいえやす》。この本では、その野望をかなえるために、いちはやく行動した「織田信長《おだのぶなが》」と、彼《かれ》の前にたちはだかったライバルたちとの対決模様《もよう》を紹介《しょうかい》しています。武将《ぶしょう》たちの波乱万丈《はらんばんじょう》な生き様をご覧《らん》ください。

監修《かんしゅう》 本郷和人《ほんごうかずと》

もくじ

〈この本の見方〉

●人名や合戦名などの固有名詞《こゆうめいし》について

名称《めいしょう》が複数《ふくすう》あるものは、定番とされる名称《めいしょう》で表記しています。

・「秀吉《ひでよし》」……時代によって名前が変わりますが、この本では「秀吉《ひでよし》」「羽柴《はしば》秀吉《ひでよし》」「豊臣秀吉《とよとみひでよし》」と表記しています。

・「家康《いえやす》」……時代によって名前が変わりますが、この本では「家康《いえやす》」「徳川《とくがわ》家康《いえやす》」と表記しています。

●年号や歴史的事項《じこう》について

さまざまな事項《じこう》において、異説《いせつ》や諸説《しょせつ》もあります。この本では、定番とされる説を紹介《しょうかい》しています。

●年齢《ねんれい》について

文中の年齢《ねんれい》は「数《かぞ》え年《どし》」で表記しています。数《かぞ》え年《どし》とは、生まれた年を一歳《さい》として、以降《いこう》は新年のたびに一歳《さい》を加算する、昔につかわれていた年齢《ねんれい》です。

●「大坂《おおさか》」と「大阪《おおさか》」の表記について

現在《げんざい》の「大阪《おおさか》」は、明治《めいじ》時代の初頭までは、「大坂《おおさか》」と表記されていました。この本では、昔の地名をあらわすときは「大坂《おおさか》」、現在《げんざい》の地名をあらわすときは「大阪《おおさか》」と表記しています。

日本の旧国名《きゅうこくめい》地図

日本各地の地名は、現在《げんざい》の都道府県とはことなり、奈良《なら》時代から明治《めいじ》時代のはじめまで、下の地図にあるような「国名」がつかわれていました。この本では、武将《ぶしょう》の領地《りょうち》や合戦場の地名などに、それぞれの地域《ちいき》の国名をもちいています。

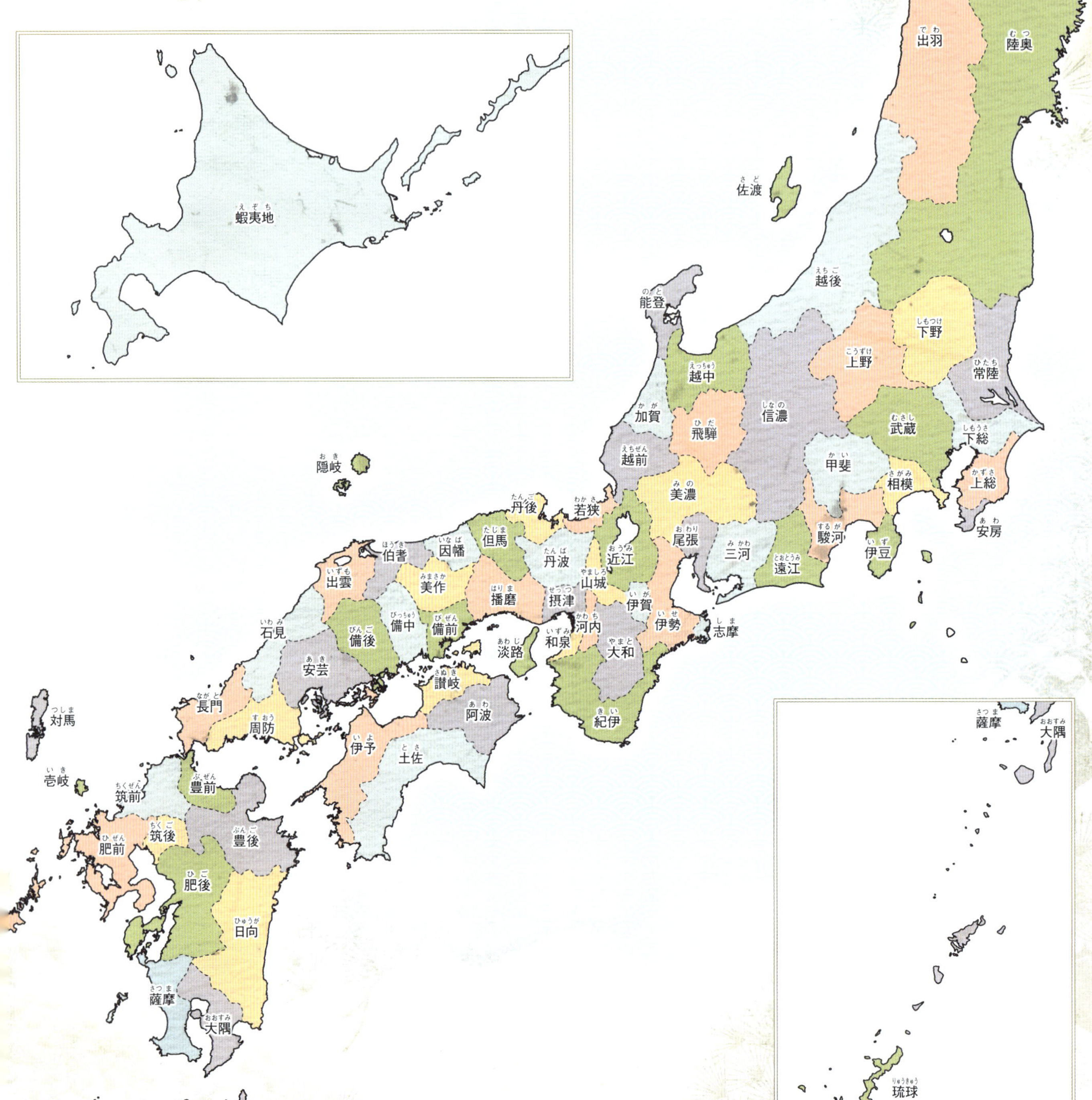

第一章
信長《のぶなが》の人物像《じんぶつぞう》

戦国の風雲児《ふううんじ》 織田信長《おだのぶなが》

生没年《せいぼつねん》 一五三四年～一五八二年

別称《べっしょう》 吉法師《きっぽうし》・三郎《さぶろう》・上総介《かずさのすけ》・尾張守《おわりのかみ》・弾正忠《だんじょうのちゅう》・右大臣《うだいじん》ほか

本拠《ほんきょ》 那古野城《なごやじょう》（尾張《おわり》）、清洲城《きよすじょう》（尾張《おわり》）、小牧城《こまきじょう》（尾張《おわり》）、岐阜城《ぎふじょう》（美濃《みの》）、安土城《あづちじょう》（近江《おうみ》）

下克上《げこくじょう》の機運がうずまく戦国時代。各地の武将《ぶしょう》が頭角《とうかく》をあらわすなか、彗星《すいせい》のごとくあらわれ全国を震撼《しんかん》させた男、織田信長《おだのぶなが》。彼《かれ》は、当時の常識《じょうしき》をくつがえし、日本という国がひとつになるための道筋《みちすじ》をつくった。

おもな逸話《いつわ》と功績《こうせき》

「うつけ者《もの》」の青年時代

若《わか》き日の信長《のぶなが》は、織田家《おだけ》の次期当主であるにもかかわらず、みだれた服装《ふくそう》で不良のようなふるまいをしていた。そのため、周囲の人だけでなく、国外の武将《ぶしょう》たちからも、ばか者という意味の「うつけ者《もの》」とみなされていた。

大合戦での劇的《げきてき》な勝利

だれもが織田軍《おだぐん》の敗北をうたがわないような圧倒的《あっとうてき》に不利な状況《じょうきょう》でも、信長《のぶなが》は勝利をもぎとった。大軍で侵攻《しんこう》してきた今川軍《いまがわぐん》に対して、大胆《だいたん》な奇襲《きしゅう》を成功させた「桶《おけ》狭間《はざま》の戦《たたか》い」や、最強の騎馬隊《きばたい》をひきいる武田軍《たけだぐん》を、鉄砲隊《てっぽうたい》で撃破《げきは》した「長篠合戦《ながしののかっせん》」が有名だ。

天下統一《てんかとういつ》の野望を実践《じっせん》

強豪《きょうごう》がひしめく戦国大名に先《さき》んじて、信長《のぶなが》は、天下統一《てんかとういつ》の意志《いし》を表明して全国を震撼《しんかん》させた。その後、敵対《てきたい》したライバルたちとの血で血をあらう合戦をへて、またたく間に勢力《せいりょく》を拡大《かくだい》させていく。

本能寺《ほんのうじ》の変《へん》で他界

天下統一《てんかとういつ》の達成まであと一歩のところで、家臣《かしん》の明智光秀《あけちみつひで》が反乱《はんらん》。滞在《たいざい》していた本能寺《ほんのうじ》で襲撃《しゅうげき》をうけ、炎《ほのお》のなかで自害した。

信長《のぶなが》の側近がしるした歴史書『信長公記《しんちょうこうき》』

戦国時代に活躍《かつやく》した信長《のぶなが》は、数々《かずかず》の歴史書に、その逸話《いつわ》や功績《こうせき》がしるされている。なかでも、信長《のぶなが》の側近をつとめた太田牛一《おおたぎゅういち》による『信長公記《しんちょうこうき》』は、信長《のぶなが》や織田家《おだけ》の動向が詳細《しょうさい》にしるされていて、内容《ないよう》もほぼ正確《せいかく》であると研究されており、信長《のぶなが》を知る上でかかせない史料だ。

『信長公記《しんちょうこうき》』作者：太田牛一《おおたぎゅういち》

「のぶながこうき」とも読む。首巻《しゅかん》一巻、本記十五巻《かん》。牛一《ぎゅういち》がしるした日記などをもとに、一五九八年ごろ完成した。

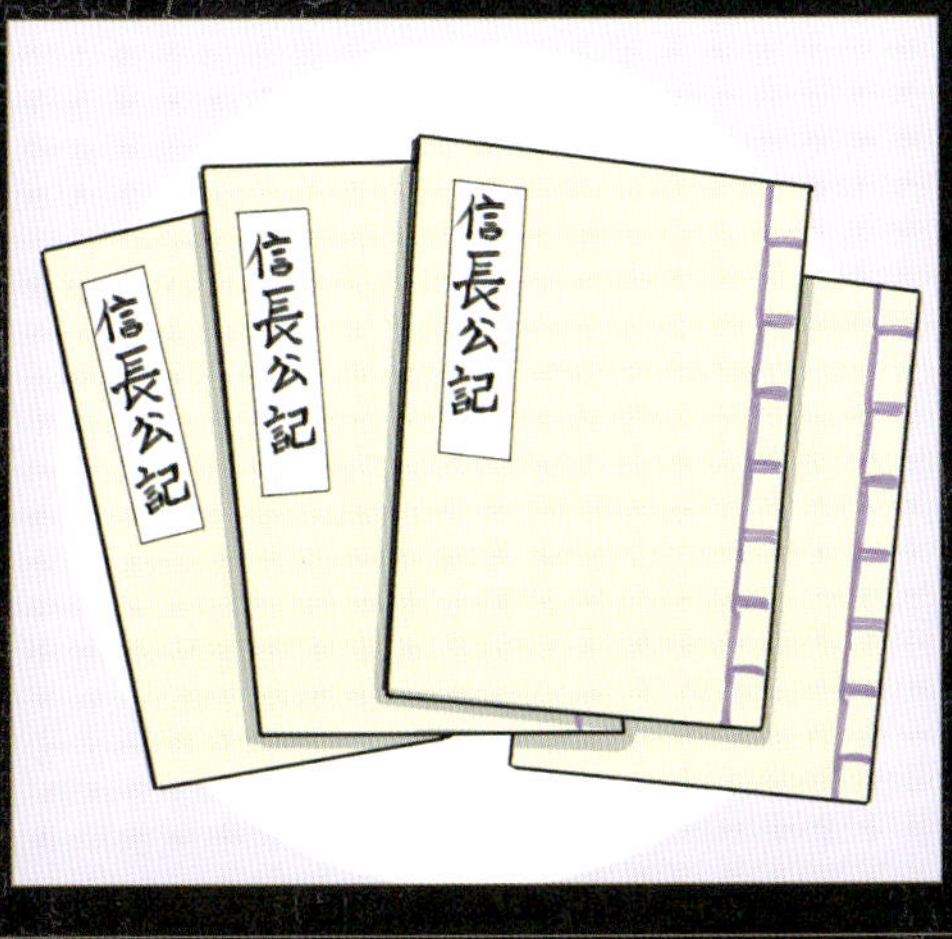

信長《のぶなが》の人生

信長《のぶなが》の人生は、波瀾《はらん》にみちている。二歳《さい》で親元をはなれて城主《じょうしゅ》をまかされ、青年期は奇行《きこう》をくりかえして「うつけ者《もの》」とよばれた。父の死で織田家《おだけ》をついだのち、天下統一《てんかとういつ》をめざして合戦にあけくれる。

一五三四年 一歳《さい》
尾張《おわり》を支配《しはい》する織田信秀《おだのぶひで》の嫡男《ちゃくなん》（跡継《あとつ》ぎの子）として誕生《たんじょう》。吉法師《きっぽうし》と名づけられる。

一五三五年 二歳《さい》
尾張那古野城《おわりなごやじょう》をあたえられ、城主《じょうしゅ》になる。

一五四六年 十三歳《さい》
元服《げんぷく》（成人の儀式《ぎしき》）をして、信長《のぶなが》と名のる。

一五四七年 十四歳《さい》
吉良《きら》・大浜《おおはま》の戦《たたか》い
今川軍《いまがわぐん》との合戦で初陣《ういじん》をかざる。

一五四八年 十五歳《さい》
斎藤道三《さいとうどうさん》の娘《むすめ》、濃姫《のうひめ》（帰蝶《きちょう》）と結婚《けっこん》する。

一五五三年 二十《はたち》歳
斎藤道三《さいとうどうさん》とはじめて対面する。

一五五六年 二十三歳《さい》
稲生《いのう》の戦《たたか》い
弟の信行《のぶゆき》と家臣団《かしんだん》が謀《む》叛《ほん》をおこす。

P16

一五七〇年 三十七歳《さい》
姉川《あねがわ》の戦《たたか》い
浅井《あざい》・朝倉《あさくら》連合軍とたたかい勝利する。

P28

石山合戦《いしやまかっせん》
石山本願寺《いしやまほんがんじ》が挙兵する。

P34

志賀《しが》の陣《じん》
朝倉《あさくら》・浅井《あざい》・延暦寺《えんりゃくじ》連合軍とたたかい勝利する。

一五七一年 三十八歳《さい》
長島一向一揆《ながしまいっこういっき》がはじまる。
比叡山延暦寺《ひえいざんえんりゃくじ》を焼《や》き討《う》ちにする。

一五七三年 四十歳《さい》
将軍足利義昭《しょうぐんあしかがよしあき》を京《きょう》から追放する。
室町幕府《むろまちばくふ》がほろびる。

一乗谷城《いちじょうだにじょう》の戦《たたか》い
朝倉家《あさくらけ》をほろぼす。

一五七七年 四十四歳《さい》
手取川《てどりがわ》の戦《たたか》い
上杉謙信《うえすぎけんしん》とたたかい敗北する。

P44

一五七八年 四十五歳《さい》
第二次木津川口《きづがわぐち》の戦《たたか》い
毛利水軍《もうりすいぐん》とたたかい勝利する。

P52

一五七九年 四十六歳《さい》
第一次天正伊賀《てんしょういが》の乱《らん》
伊賀《いが》に侵攻《しんこう》し敗北する。

一五八〇年 四十七歳《さい》
石山合戦《いしやまかっせん》がおわる。

一五八一年 四十八歳《さい》
京《きょう》で馬ぞろえをおこなう。

※年齢《ねんれい》は生まれた年を一歳《さい》として、以降《いこう》は新年のたびに一歳《さい》を加算する「数え年《かぞえどし》」で表記しています。

一五六〇年　二十七歳《さい》

桶狭間《おけはざま》の戦《たたか》い

今川義元《いまがわよしもと》ひきいる大軍と合戦して勝利する。

P20

一五六七年　三十四歳《さい》

稲葉山城《いなばやまじょう》の戦《たたか》い

斎藤家《さいとうけ》と合戦し、美濃《みの》を獲得《かくとく》する。

P24

一五六八年　三十五歳《さい》

妹のお市《いち》の方《かた》と浅井長政《あざいながまさ》が結婚《けっこん》。浅井家《あざいけ》と同盟《どうめい》をむすぶ。

信長《のぶなが》が後《うし》ろ盾《だて》となり、足利義昭《あしかがよしあき》を室町幕府《むろまちばくふ》の将《しょう》軍《ぐん》にする。

小谷城《おだにじょう》の戦《たたか》い

浅井家《あざいけ》をほろぼす。

一五七四年　四十一歳《さい》

長島一向一揆《ながしまいっこういっき》がおわる。

一五七五年　四十二歳《さい》

長篠合戦《ながしののかっせん》

大量の鉄砲《てっぽう》を導入《どうにゅう》し、武田軍《たけだぐん》をやぶる。

P38

一五七六年　四十三歳《さい》

第一次木津川口《きづがわぐち》の戦《たたか》い

毛利水軍《もうりすいぐん》とたたかい敗北する。

安土城《あづちじょう》の築城《ちくじょう》をはじめる。

第二次天正伊賀《てんしょういが》の乱《らん》

伊賀《いが》に侵攻《しんこう》し勝利する。

P48

一五八二年　四十九歳《さい》

本能寺《ほんのうじ》の変《へん》

家臣《かしん》の明智光秀《あけちみつひで》が謀叛《むほん》をおこし、信長《のぶなが》が自害する。

P58

信長《のぶなが》がこのんだ「敦盛《あつもり》」

信長《のぶなが》は、桶狭間《おけはざま》の戦《たたか》いに出陣《しゅつじん》する直前に、「敦盛《あつもり》」という舞《まい》をしたと『信長公記《しんちょうこうき》』にしるされている。敦《あつ》盛《もり》は、源平《げんぺい》の合戦《かっせん》に登場する平敦盛《たいらのあつもり》という若武者《わかむしゃ》にまつわる悲劇《ひげき》をえがいた演目《えんもく》だ。信長《のぶなが》は、そのなかでも次の一節をこのんだという。

「人間五十年《じんかんごじゅうねん》
化天《げてん》のうちを比《くら》ぶれば
夢幻《ゆめまぼろし》の如《ごと》くなり　一度生《ひとたびせい》を享《う》け
滅《めっ》せぬもののあるべきか」

人間界の五十年は、天上界とくらべれば夢《ゆめ》や幻《まぼろし》のように一瞬《いっしゅん》のものだ。この世に生まれたもので滅《ほろ》びないものなどない。

人物相関図

家臣《かしん》や親族、同盟者《どうめいしゃ》など、信長《のぶなが》は多くの味方をもつ。一方で、天《てん》下統一《かとういつ》という壮大《そうだい》な野望を強引におしすすめたため、信長《のぶなが》を排除《はいじょ》しようとするライバルたちが、次々《つぎつぎ》と目の前にたちはだかった。

織田方《おだがた》

家臣《かしん》

柴田勝家《しばたかついえ》
重臣《じゅうしん》であり宿老《しゅくろう》。鬼柴田《おにしばた》とよばれた猛将《もうしょう》。

滝川一益《たきがわかずます》
文武両道《ぶんぶりょうどう》のすぐれた武将《ぶしょう》。鉄砲《てっぽう》の達人。

前田利家《まえだとしいえ》
長槍《ながやり》の名手。少年期から信長《のぶなが》に仕《つか》える。

羽柴秀吉《はしばひでよし》
雑用係《ざつようがかり》から重臣《じゅうしん》に出世。のちの豊臣秀吉《とよとみひでよし》。

明智光秀《あけちみつひで》
政治面《せいじめん》で活躍《かつやく》する。本能《ほんのう》寺《じ》の変《へん》の首謀者《しゅぼうしゃ》。

親族《しんぞく》

織田信秀《おだのぶひで》
信長《のぶなが》の父。智勇《ちゆう》ともにすぐれた名将《めいしょう》。

織田信行《おだのぶゆき》
信長《のぶなが》の弟。信勝《のぶかつ》ともいう。謀叛《むほん》をおこす。

お市《いち》の方《かた》
信長《のぶなが》の妹。浅井長政《あざいながまさ》の妻《つま》になった美女。

濃姫《のうひめ》
信長《のぶなが》の妻《つま》。帰蝶《きちょう》ともいう。斎藤道三《さいとうどうさん》の娘《むすめ》。

織田信忠《おだのぶただ》
信長《のぶなが》の息子。次期当主。本能寺《ほんのうじ》の変《へん》で自害。

謀叛《むほん》

謀叛《むほん》

夫婦《ふうふ》

謀叛《むほん》

ライバル

武田信玄《たけだしんげん》

甲斐《かい》の大名。息子の勝頼《かつより》が信長《のぶなが》と敵対《てきたい》。

上杉謙信《うえすぎけんしん》

越後《えちご》の大名。一時同盟《どうめい》するも、後年に敵対《てきたい》。

足利義昭《あしかがよしあき》

信長《のぶなが》の後《うし》ろ盾《だて》で幕府《ばくふ》の将《しょう》軍《ぐん》に。のちに敵対《てきたい》。

顕如《けんにょ》

石山本願寺《いしやまほんがんじ》の住職《じゅうしょく》。信長《のぶなが》包囲網《ほういもう》の首謀者《しゅぼうしゃ》。

毛利元就《もうりもとなり》

安芸《あき》の大名。孫の輝元《てるもと》が信長《のぶなが》と敵対《てきたい》。

朝倉義景《あさくらよしかげ》

越前《えちぜん》の大名。浅井家《あざいけ》と同《どう》盟《めい》。信長《のぶなが》と敵対《てきたい》する。

織田信長《おだのぶなが》

織田家《おだけ》当主。強豪諸国《きょうごうしょこく》を相手に同盟《どうめい》や合戦をさかんにおこない、天下統一《てんかとういつ》にむけて勢力《せいりょく》をひろげた。

同盟《どうめい》

斎藤道三《さいとうどうさん》

信長《のぶなが》の才覚をみとめた美《み》濃《の》の大名。

徳川家康《とくがわいえやす》

信長《のぶなが》と同盟《どうめい》をむすんだ三《み》河《かわ》の大名。

浅井長政《あざいながまさ》

北近江《きたおうみ》の大名。朝倉《あさくら》・織《お》田《だ》と同盟《どうめい》。

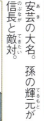

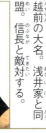

信長《のぶなが》の所用品

信長《のぶなが》がつかったという刀や鎧《よろい》などから、彼《かれ》の性格《せいかく》や趣向《しゅこう》が垣間《かいま》見られる。派手《はで》なデザインをこのんだとおもわれがちだが、実用面での機能美《きのうび》を重視《じゅうし》していたことがうかがえる。

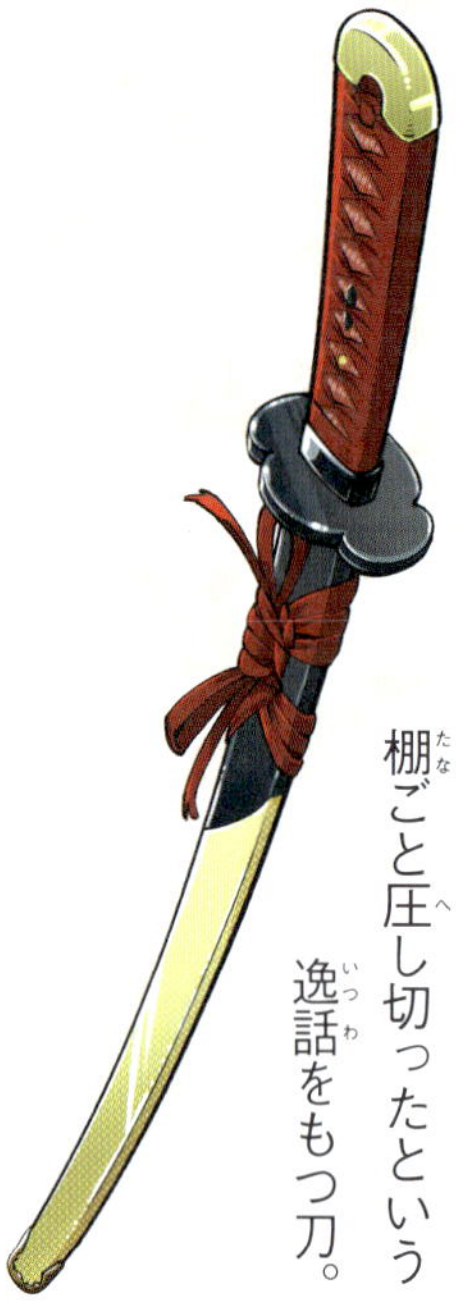

刀 へし切《き》り長谷部《はせべ》

棚《たな》にかくれた人物を、信長《のぶなが》が棚《たな》ごと圧《へ》し切ったという逸話《いつわ》をもつ刀。

陣羽織《じんばおり》 黒鳥毛揚羽蝶模様《くろとりげあげはちょうもよう》

背《せ》の部分に織田《おだ》の家紋《かもん》のひとつ「揚羽蝶《あげはちょう》（織田蝶《おだちょう》）」の模様《もよう》がほどこされる。

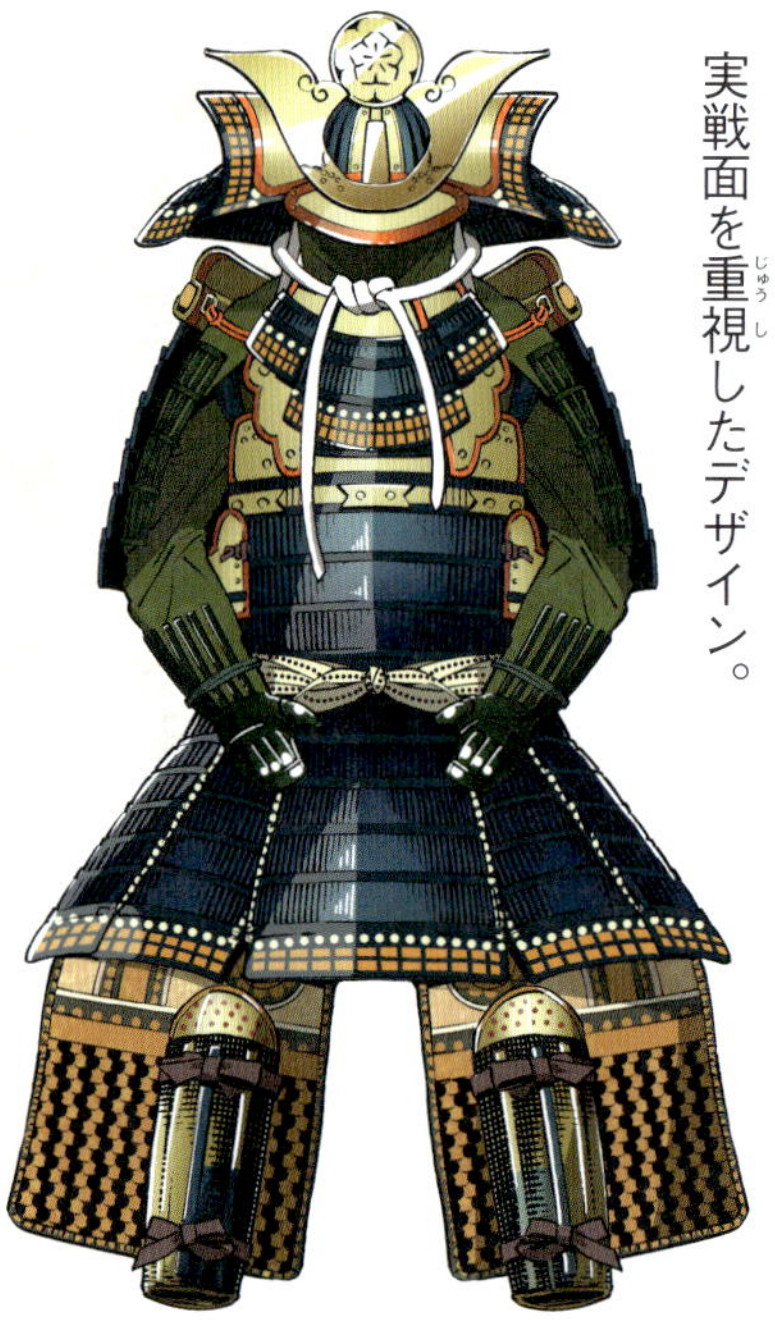

具足《ぐそく》 紺糸威胴丸具足《こんいとおどしどうまるぐそく》

信長《のぶなが》が桶狭間《おけはざま》の戦《たたか》いで着用したとされる具足《ぐそく》。実戦面を重視《じゅうし》したデザイン。

馬印《うまじるし》

戦陣《せんじん》にて大将《たいしょう》の所在《しょざい》を知らせる目印。信長《のぶなが》は金色の巨大《きょだい》な傘《かさ》をもちいた。

織田家《おだけ》の家紋《かもん》

戦国武将《ぶしょう》は複数《ふくすう》の家紋《かもん》をもつ者が多い。信長《のぶなが》もいくつかの家紋《かもん》をつかいわけていたという。

無文字《むもじ》

永楽銭《えいらくせん》（永楽通宝《えいらくつうほう》）

揚羽蝶《あげはちょう》（織田蝶《おだちょう》）

木瓜《もっこう》（織田木瓜《おだもっこう》）

第二章

信《のぶ》長《なが》のライバル

信長《のぶなが》のライバル 一

織《お》田《だ》家《か》臣《しん》団《だん》

信長《のぶなが》を当主とみとめない織田家《おだけ》の有力者たちが、兵をあげて反乱《はんらん》する。

本拠地《ほんきょち》 尾張《おわり》（愛知県《あいちけん》）

居城《きょじょう》 末森城《すえもりじょう》

「うつけ者《もの》」の信長《のぶなが》と人望あつい信行《のぶゆき》との兄弟対決

若《わか》いころの信長《のぶなが》は奇行《きこう》が多く、「うつけ者《もの》」とよばれていた。その意味は「ばか者」。織田家《おだけ》の次期当主に対してひどく無礼なよび名だが、それもそのはず、信長《のぶなが》は、衣服をだらしなく着くずし、家臣《かしん》の忠告《ちゅうこく》を無視《むし》して土地の悪童と遊んでばかりいたのだ。今でいう不良のようなふるまいに、家臣団《かしんだん》は頭をかかえ、織田家《おだけ》のゆく末について頭をなやませていた。一方、信長《のぶなが》の弟の信行《のぶゆき》は、礼儀作法《れいぎさほう》をこころえた好青年だった。家臣《かしん》のなかには、信行《のぶゆき》が当主になるべきという者も少なくなかった。

一五五一年、当主の織田信秀《おだのぶひで》が病死し、葬式《そうしき》がとりおこなわれた。跡取《あとと》りである信長《のぶなが》は、なんと、いつものだらしない格好《かっこう》であらわれ、抹香《まっこう》をつかんで仏前《ぶつぜん》にバッとなげつけると、無言で退席《たいせき》してしまう。対照的に、弟の信行《のぶゆき》は、正装《せいそう》に身をつつんで礼儀《れいぎ》正しくたちふるまい、見る者の心をつかんだ。

信長《のぶなが》が当主になると、家臣団《かしんだん》は、信行《のぶゆき》を当主につかせるべく画策《かくさく》をはじめる。織田軍《おだぐん》きっての猛将《もうしょう》の柴田勝家《しばたかついえ》や、先代当主のもとで手《しゅ》腕《わん》をふるった林秀貞《はやしひでさだ》、林通具《はやしみちとも》など、名だたる重鎮《じゅうちん》が信行《のぶゆき》に味方し、反《はん》乱《らん》が現実味《げんじつみ》をおびていく。信行《のぶゆき》もまた、信長《のぶなが》の排除《はいじょ》にむけて、過激《かげき》な言動をとるようになった。

そして、ついに信行《のぶゆき》が決起。信長《のぶなが》と刃《やいば》をまじえる!

「奇行《きこう》」でひらめく信長《のぶなが》の斬新《ざんしん》な発想

信長《のぶなが》の言動は、周囲からは奇行《きこう》といわれたが、本人にとっては重要な意味をもっていたのかもしれない。

信長《のぶなが》が行動を共にした悪童のなかに、前田利家《まえだとしいえ》がいた。信長《のぶなが》は、のちに織田軍《おだぐん》を代表する槍《やり》の名手となる利家《としいえ》を、奇行《きこう》をとおして発掘《はっくつ》したといえる。また、悪童たちと合戦の真似事《まねごと》をしていたとき、長い槍《やり》のほうが有利だとひらめき、通常《つうじょう》の倍ほどもある約六メートルの槍《やり》にかえさせた。この長槍《ながやり》の効果《こうか》は合戦で実証《じっしょう》された、その後、全国的に長槍《ながやり》が主流となる。

※織田信行《おだのぶゆき》は「織田信勝《おだのぶかつ》」ともいわれます。

対決! 稲生《いのう》の戦《たたか》い

織田信長《おだのぶなが》 VS《バーサス》 織田信行《おだのぶゆき》

信行《のぶゆき》ひきいる大軍に信長《のぶなが》が怒濤《どとう》の反撃《はんげき》

「うつけ者《もの》」の兄、織田家《おだけ》当主の信長《のぶなが》を討《う》ちとらんと、弟の信行《のぶゆき》が決起した。配下には、猛将《もうしょう》の柴田勝家隊《しばたかついえたい》が千人と、宿老《しゅくろう》の林通具隊《はやしみちともたい》の七百人が集結。対する信長軍《のぶながぐん》は、人数では七百人と劣勢《れっせい》ながら、佐久間盛重《さくまもりしげ》、佐久間信盛《さくまのぶもり》、森可成《もりよしなり》、前田利家《まえだとしいえ》、丹羽長秀《たんばながひで》ら精鋭《せいえい》がそろった。

ついに両軍が、稲生《いのう》の地にて激突《げきとつ》した。『信長公記《しんちょうこうき》』には、そのときの模様《もよう》が次のようにしるされている。

「信長軍《のぶながぐん》は、まず柴田隊《しばたたい》に攻《せ》めかかった。激戦《げきせん》のなかで柴田勝《しばたかつ》家《いえ》に手傷《てきず》をおわせてしりぞかせたが、それでも劣勢《れっせい》はくつがえせず、次第におしこまれる。すると信長《のぶなが》が、とてつもない大声で怒号《どごう》をあげた。敵方《てきがた》は、その

合戦データ	◆1556年 夏 ◆尾張《おわり》（愛知県《あいちけん》）稲生《いのう》				
信長軍《のぶながぐん》	総大将《そうだいしょう》	織田信長《おだのぶなが》	戦力《せんりょく》	約700人	勝ち
信行軍《のぶゆきぐん》	総大将《そうだいしょう》	織田信行《おだのぶゆき》	戦力《せんりょく》	約1,700人	負け

イラスト：林通具《はやしみちとも》にいどむ信長《のぶなが》

声に当主としての堂々《どうどう》たる威厳《いげん》をかんじて圧倒《あっとう》され、恐《おそ》れをなして逃《に》げていった」

信長《のぶなが》は、その機をのがさずみずから先頭にたち、林隊《はやしたい》へと突《とっ》入《にゅう》した。そして、敵兵《てきへい》をなぎたおし、ついに林通具《はやしみちとも》とまみえると、自身がもつ槍《やり》で通具《みちとも》を突《つ》きふせ、その首をとった。

その瞬間《しゅんかん》、信行軍《のぶゆきぐん》の敗北がきまった。信行《のぶゆき》をはじめ、敵兵《てきへい》は方々《ほうぼう》に敗走。信行軍《のぶゆきぐん》の死亡者《しぼうしゃ》は、約四百五十人にのぼった。

家臣《かしん》の団結《だんけつ》と信行《のぶゆき》の死

信長《のぶなが》は、寛大《かんだい》にも、謀叛《むほん》をおこした者たちをゆるした。柴田勝家《しばたかついえ》は、以後は信長《のぶなが》に忠義《ちゅうぎ》をつくし、おもに合戦で鬼神《きしん》のごとき活躍《かつやく》をあげ、武功《ぶこう》をかさねる。林秀貞《はやしひでさだ》も、弟の通具《みちとも》が信長《のぶなが》に討《う》ちとられたものの、心をいれかえて織田家《おだけ》に仕《つか》えた。

信行《のぶゆき》もまた、信長《のぶなが》にゆるされた。しかし

信行《のぶゆき》は、ふたたび信長《のぶなが》に反旗をひるがえすべく画策《かくさく》をはじめる。その不穏《ふおん》なうごきを信長《のぶなが》に知らせたのは、柴田勝家《しばたかついえ》だった。話をきいた信長《のぶなが》は、仮病《けびょう》をつかって信行《のぶゆき》を居《きょ》城《じょう》によびだし、暗殺した。そのときの詳細《しょうさい》は不明だが、一説には、信行《のぶゆき》が信長《のぶなが》を殺そうとするうごきをみせたため、即座《そくざ》に返《かえ》り討《う》ちにしたともいわれる。

この一件《いっけん》で、織田家《おだけ》の内乱《ないらん》が終息した。

信長《のぶなが》のライバル 二

今川家《いまがわけ》

三河《みかわ》をめぐり織田家《おだけ》と敵対《てきたい》。圧倒的優位《あっとうてきゆうい》にたつ今川家《いまがわけ》が大軍勢《だいぐんぜい》で尾張《おわり》に侵攻《しんこう》する。

本拠地《ほんきょち》 駿河《するが》（静岡県《しずおかけん》）

居城《きょじょう》 今川館《いまがわやかた》

「将軍《しょうぐん》」の継承権《けいしょうけん》をもつ名門 東海《とうかい》地方に勢力《せいりょく》を拡大《かくだい》

室町幕府《むろまちばくふ》の頂点《ちょうてん》、足利将軍家《あしかがしょうぐんけ》。その縁戚《えんせき》にある今川家《いまがわけ》は名門の武家《ぶけ》であり、正統《せいとう》な将軍継承権《しょうぐんけいしょうけん》をもっている。

九代当主の今川氏親《いまがわうじちか》は、拠点《きょてん》の駿河《するが》から領土《りょうど》の拡大《かくだい》をねらい、西の隣国《りんごく》の遠江《とおとうみ》を攻《せ》めて、これを奪取《だっしゅ》した。さらに三河《みかわ》も手中におさめようとしたが、尾張《おわり》の織田信秀《おだのぶひで》も三河《みかわ》への侵攻《しんこう》をもくろみ、両者がにらみあう。

その状況下《じょうきょうか》で、今川氏親《いまがわうじちか》が病死した。息子の氏輝《うじてる》が十代当主についたが、十年後に突然死《とつぜんし》してしまう。その後、苛烈《かれつ》な家督《かとく》あらそいをへて、氏親《うじちか》の五男である今川義元《いまがわよしもと》が、十一代当主の座《ざ》についた。

義元《よしもと》は、卓越《たくえつ》した外交手腕《しゅわん》で、これまで敵対《てきたい》していた甲斐《かい》の武田家《たけだけ》、相模《さがみ》の北条家《ほうじょうけ》と同盟《どうめい》をむすび、強大な三国同盟《さんごくどうめい》を成立させた。また、織田家《おだけ》の侵攻《しんこう》におびえる三河《みかわ》の松平家《まつだいらけ》を庇護《ひご》するかわりに服従《ふくじゅう》させ、三河《みかわ》も支配下《しはいか》にくみこむ。こうして駿河《するが》、遠江《とおとうみ》、三河《みかわ》の三国を手にした今川家《いまがわけ》は、その名を天下にとどろかせた。

一方、織田家《おだけ》では、信秀《のぶひで》から信長《のぶなが》へと当主がかわり、尾張《おわり》の地盤《じばん》をかためつつ、着々《ちゃくちゃく》と軍事力をたくわえていた。義元《よしもと》は、織田家《おだけ》の台頭《たいとう》をつぶすべく、総力《そうりょく》をあげた討伐《とうばつ》を断行《だんこう》する。

そして、今川軍《いまがわぐん》と織田軍《おだぐん》が桶狭間《おけはざま》の地で激突《げきとつ》する！

今川軍《いまがわぐん》の挙兵に対する信長《のぶなが》の反応《はんのう》と行動

今川《いまがわ》の大軍が挙兵したとの知らせに、織田《おだ》の家臣団《かしんだん》は驚愕《きょうがく》し、軍議をひらいて対策《たいさく》をねった。しかし、見通しは絶望的《ぜつぼうてき》で、信長《のぶなが》からの指示《しじ》もない。「信長《のぶなが》ははりうつけ者《もの》だったか」と、なげく家臣《かしん》もいたという。

ある晩《ばん》、織田軍《おだぐん》の砦《とりで》が今川軍《いまがわぐん》に攻撃《こうげき》されたという報告《ほうこく》をうけた信長《のぶなが》は、「敦盛《あつもり》（→P.9）」を舞《ま》い、湯漬《ゆづ》けをかきこむと、わずかな手勢《てぜい》をつれて突如出陣《とつじょしゅつじん》した。そして、熱田神宮《あつたじんぐう》で戦勝祈願《きがん》をしたのち、敵陣《てきじん》めざして進撃《しんげき》する。

対決！ 桶狭間《おけはざま》の戦《たたか》い

織田信長《おだのぶなが》 VS《バーサス》 今川義元《いまがわよしもと》

今川《いまがわ》の大軍勢《だいぐんぜい》に対し 織田軍《おだぐん》がまさかの突撃《とつげき》

織田家《おだけ》を駆逐《くちく》して尾張《おわり》を奪取《だっしゅ》するべく、今川義元《いまがわよしもと》は、二万五千の大軍をもって挙兵した。尾《お》張《わり》に侵攻《しんこう》した今川軍《いまがわぐん》は、織田《おだ》の城《しろ》や砦《とりで》をまたたく間に制圧《せいあつ》していく。しかし、昼すぎに豪雨《ごうう》にみまわれたため、桶狭間《おけはざま》の丘《おか》で小休止をとった。

しばらくして豪雨《ごうう》はやんだ。その瞬間《しゅんかん》、信長《のぶなが》ひきいる少数の精鋭軍《せいえいぐん》が、今川軍《いまがわぐん》に正面からおそいかかった。桶狭間《おけはざま》は見通しがよい場所だが、豪雨《ごうう》で視界《しかい》がはばまれ、織田軍《おだぐん》の接近《せっきん》に気がつかなかったとみられる。おどろく今川軍先鋒《いまがわぐんせんぽう》を撃破《げきは》した織田《おだ》軍《ぐん》は、その勢《いきお》いのまま、義元《よしもと》のいる本陣《ほんじん》へと直進する。

義元《よしもと》は、一時退却《たいきゃく》して態勢《たいせい》をたてなおすべく、騎馬《きば》にまたが

合戦データ	◆1560年 春　◆尾張《おわり》（愛知県《あいちけん》）桶狭間《おけはざま》			
織田軍《おだぐん》	総大将《そうだいしょう》	織田信長《おだのぶなが》	戦力《せんりょく》　約2千人	勝ち
今川軍《いまがわぐん》	総大将《そうだいしょう》	今川義元《いまがわよしもと》	戦力《せんりょく》　約2万5千人	負け

イラスト：今川軍《いまがわぐん》の本陣《ほんじん》をねらう信長《のぶなが》

り親衛隊《しんえいたい》に周囲をまもらせた。しかし、織田軍《おだぐん》の勢《いきお》いはとまらず、親衛隊《しんえいたい》が次々《つぎつぎ》とたおされ、自身が敵《てき》と刃《やいば》をまじえるところまで追いこまれる。はじめに斬《き》りかかってきた武将《ぶしょう》は返《かえ》り討《う》ちにしたが、つづく武将《ぶしょう》にくみふせられて、討《う》ちとられた。東海《とうかい》の覇者《はしゃ》である義元《よしもと》の、あまりにもあっけない最期だった。

大将《たいしょう》をうしなった今川軍《いまがわぐん》は撤《てっ》退《たい》した。信長《のぶなが》は、奇跡《きせき》ともいえる勝利をもぎとったのだ。

今川家《いまがわけ》の凋落《ちょうらく》

今川義元《いまがわよしもと》が死亡《しぼう》し、息子の氏真《うじざね》が当主の座《ざ》をついだ。しかし、多くの重臣《じゅうしん》も桶狭間《おけはざま》で戦死していたため、家中は混乱《こんらん》し、離反《りはん》する家臣《かしん》が続出。今川家《いまがわけ》に臣従《しんじゅう》していた松《まつ》平元康《だいらもとやす》は、三河《みかわ》にもどって独立《どくりつ》し、織田家《おだけ》と同盟《どうめい》を締結《ていけつ》した。元康《もとやす》はその後、徳川家《とくがわいえ》康《やす》と名をあらためる。

今川家《いまがわけ》が弱体化すると、武田家《たけだけ》は、かつてむすんだ同盟《どうめい》を破棄《はき》した。そして、徳川《とくがわ》家《け》と武田家《たけだけ》が同盟《どうめい》をむすび、今川本拠《いまがわほんきょ》の駿《する》河《が》へと攻《せ》めこんでくる。やむなく氏真《うじざね》は降《こう》伏《ふく》し、屈辱《くつじょく》をこらえ、やがて徳川家《とくがわけ》の臣下《しんか》となった。こうして、戦国大名としての今《いま》川家《がわけ》は滅亡《めつぼう》した。

その後、今川家《いまがわけ》は武家《ぶけ》として存続《そんぞく》し、江《え》戸《ど》時代には幕府《ばくふ》の旗本《はたもと》になる。

信長《のぶなが》のライバル 三

斎藤家《さいとうけ》

織田家《おだけ》とは隣国《りんごく》の間柄《あいだがら》。
一時同盟《どうめい》をむすぶも
世代交代で敵対《てきたい》する。

本拠地《ほんきょち》 美濃《みの》（岐阜県《ぎふけん》）

居城《きょじょう》 稲葉山城《いなばやまじょう》

策略家《さくりゃくか》の「美濃《みの》の蝮《まむし》」うつけ者《もの》の信長《のぶなが》を気にいる

斎藤家《さいとうけ》の初代、斎藤道三《さいとうどうさん》は、下克上《げこくじょう》の機運にのって美濃《みの》をうばい、戦国大名にのしあがった。権謀術数《けんぼうじゅっすう》を駆使《くし》する辣腕《らつわん》ぶりから、道三《どうさん》は「美濃《みの》の蝮《まむし》」とあだ名され、内外から恐《おそ》れられた。

その美濃《みの》の南どなりに、織田家《おだけ》の尾張《おわり》がある。両者は敵対《てきたい》して小ぜりあいをくりかえしていたが、あるとき、織田家《おだけ》から縁談《えんだん》をもちかけられる。跡《あと》とりの信長《のぶなが》を、道《どう》三《さん》の娘《むすめ》の濃姫《のうひめ》（帰蝶《きちょう》）と結婚《けっこん》させて、同盟《どうめい》をむすぼうというのだ。道三《どうさん》は、信長《のぶなが》が「うつけ者《もの》」とよばれていることを知りつつ、濃姫《のうひめ》をとつがせた。

数年後、信長《のぶなが》が当主の座《ざ》につくと、道三《どうさん》は、はじめて信長《のぶなが》と会談した。その時に道三《どうさん》は、信長《のぶなが》の才覚《さいかく》を見ぬいて感心し、「やがて、わが息子たちは、あのうつけ者《もの》に仕《つか》えることになるだろう」とはなしたという。

その後、道三《どうさん》は、息子の義龍《よしたつ》に当主の座《ざ》をゆずったが、親子仲の悪化から内戦がおこる。道三《どうさん》は、信長《のぶなが》に「美濃《みの》をゆずる」と遺言《ゆいごん》をおくり、合戦で戦死した。

義龍《よしたつ》は、美濃《みの》の守備《しゅび》をかためて、攻《せ》めこんでくる織田軍《おだぐん》を何度も撃《げき》退《たい》したが、病気をわずらい急死してしまった。その跡《あと》をついだ息子の龍興《たつおき》は、父の意志《いし》に反し……。

世つぎの混乱《こんらん》をのがさず 信長《のぶなが》が本格攻勢《ほんかくこうせい》にでる！

美濃《みの》をねらう信長《のぶなが》と若《わか》き当主の斎藤龍興《さいとうたつおき》

道三《どうさん》の死後、領地《りょうち》の拡大《かくだい》をねらう信長《のぶなが》は、美濃《みの》の攻略《こうりゃく》に執念《しゅうねん》をもやした。義龍《よしたつ》の堅牢《けんろう》な守備《しゅび》には手をやいたが、義龍《よしたつ》が急死して龍興《たつおき》が跡目《あとめ》をついだとき、信長《のぶなが》は勝機を見いだす。

若《わか》い龍興《たつおき》は、酒と遊びにかまけて、政《せい》治《じ》をおこたる人物だった。信長《のぶなが》は、龍興《たつおき》ならば攻略《こうりゃく》はたやすいとふんだのだ。

斎藤家《さいとうけ》の武将《ぶしょう》の竹中半兵衛《たけなかはんべえ》は、龍興《たつおき》を見かぎり、美濃《みの》をさったといわれる。その後、半兵衛《はんべえ》は、羽柴秀吉《はしばひでよし》に仕《つか》えて軍師《ぐんし》をつとめた。

対決!

稲《いな》葉《ば》山《やま》城《じょう》の戦《たたか》い

織田信長《おだのぶなが》 VS 斎藤龍興《さいとうたつおき》

城下町《じょうかまち》に火をはなち 斎藤軍《さいとうぐん》の戦意をくじく

斎藤龍興《さいとうたつおき》は、あまりにも無防《むぼう》備《び》だった。信長《のぶなが》は、挙兵の前に、美濃《みの》攻略《こうりゃく》にむけてすべての準備《じゅんび》をととのえていたのだ。斎藤家《さいとうけ》の重臣《じゅうしん》たちは、織田家《おだけ》と内通して寝返《ねがえ》りをきめていたため、美《み》濃《の》南部の城《しろ》や砦《とりで》は織田軍《おだぐん》の侵攻《しんこう》をまったく食いとめられず、やすやすと陥落《かんらく》していった。

織田軍《おだぐん》は、またたく間に敵《てき》の本拠地《ほんきょち》である稲葉山城《いなばやまじょう》に到達《とうたつ》した。その進撃《しんげき》のはやさに、斎藤《さいとう》軍《ぐん》は「あれは敵《てき》か、それとも味方か」と困惑《こんわく》したという。

強風がふきあれるなか、信長《のぶなが》は、城下町《じょうかまち》に火をはなつよう命《めい》じた。火は即座《そくざ》にもえひろがり、城下町《じょうかまち》をやきつくして、稲葉山《いなばやま》城《じょう》周辺を丸はだかにする。

信長《のぶなが》は、城《しろ》にたてこもって応

合戦データ	◆1567年 夏	◆美濃《みの》(岐阜県《ぎふけん》)稲葉山城《いなばやまじょう》			
織田軍《おだぐん》	総大将《そうだいしょう》	織田信長《おだのぶなが》	戦力《せんりょく》	不明	勝ち
斎藤軍《さいとうぐん》	総大将《そうだいしょう》	斎藤龍興《さいとうたつおき》	戦力《せんりょく》	不明	負け

イラスト：稲葉山城《いなばやまじょう》の城下町《じょうかまち》に火をはなつ信長《のぶなが》

戦しない斎藤軍《さいとうぐん》に対し、城《しろ》の四方に柵《さく》をつくらせて包囲網《ほういもう》をつくりあげた。その手際《てぎわ》のよさに、織田軍《おだぐん》に寝返《ねがえ》った敵将《てきしょう》たちも舌《した》をまいたという。

大将《たいしょう》である龍興《たつおき》は、一度もたたかうことなく逃亡《とうぼう》した。近くをながれる長良川《ながらがわ》から、こっそりと船で脱出《だっしゅつ》したのだ。

主《あるじ》をうしなった斎藤軍《さいとうぐん》の将兵《しょうへい》は、なすすべなく降伏《こうふく》した。こうして信長《のぶなが》は、大願《たいがん》であった美《み》濃《の》攻略《こうりゃく》を完遂《かんすい》したのだ。

「天下布武《てんかふぶ》」の開始

逃亡《とうぼう》した斎藤龍興《さいとうたつおき》は、親戚《しんせき》の朝倉家《あさくらけ》に保《ほ》護《ご》された。その後、朝倉軍《あさくらぐん》にくわわって合戦に同行し、戦死する。これをもって、美《み》濃《の》の斎藤家《さいとうけ》は滅亡《めつぼう》した。

信長《のぶなが》は、稲葉山城《いなばやまじょう》に本拠地《ほんきょち》をうつし、一帯の地名を「岐阜《ぎふ》」とあらため、城《しろ》の名も「岐阜城《ぎふじょう》」とした。そして、城下《じょうか》での自由な商売を許可《きょか》する「楽市《らくいち》・楽座《らくざ》」の制度《せいど》を導入《どうにゅう》して、商業を飛躍的《ひやくてき》に活性化《かっせいか》させた。

このころから信長《のぶなが》は、天下統一《てんかとういつ》を意味する「天下布武《てんかふぶ》」という朱印《しゅいん》をつかいはじめる。信長《のぶなが》が天下統一《てんかとういつ》の意志《いし》をもった時期には諸説《しょせつ》あるが、この朱印《しゅいん》をもちいたときには、明確《めいかく》な目標としていたことだろう。なにより、ここまであからさまに天下取りを表明した戦国武将《ぶしょう》は、信長《のぶなが》が最初である。

信長《のぶなが》のライバル 四

朝倉家《あさくらけ》・浅井家《あざいけ》

名門の朝倉家《あさくらけ》は織田家《おだけ》と敵対《てきたい》。両者と同盟《どうめい》をもつ浅井家《あざいけ》は板ばさみになる。

本拠地《ほんきょち》
朝倉：越前《えちぜん》（福井県《ふくいけん》）
浅井：近江《おうみ》（滋賀県《しがけん》）

居城《きょじょう》
朝倉：一乗谷城《いちじょうだにじょう》
浅井：小谷城《おだにじょう》

盟友《めいゆう》の朝倉家《あさくらけ》と浅井家《あざいけ》 台頭《たいとう》する信長《のぶなが》が波瀾《はらん》をよぶ

朝倉家《あさくらけ》は、ふるくから越前《えちぜん》をおさめ、公家《くげ》や将軍家《しょうぐんけ》とも関係がふかい名門だ。朝倉義景《あさくらよしかげ》は、その十一代当主である。一方の浅井家《あざいけ》は、下克上《げこくじょう》で北近江《きたおうみ》を支配《しはい》した新《しん》興勢力《こうせいりょく》で、同盟《どうめい》をむすぶ朝倉家《あさくらけ》に後《うし》ろ盾《だて》となってもらいつつ、親交をふかめていた。浅井長政《あざいながまさ》は、その三代目当主にあたる。

長政《ながまさ》は、南近江《みなみおうみ》の六角家《ろっかくけ》との抗《こう》争《そう》がつづくなか、信長《のぶなが》の妹であるお市《いち》の方《かた》と結婚《けっこん》し、織田家《おだけ》とも同《どう》盟《めい》をむすんだ。その際《さい》、朝倉家《あさくらけ》との同盟《どうめい》を考慮《こうりょ》して、信長《のぶなが》に「朝倉《あさくら》家《け》との不戦」を約束させた。

信長《のぶなが》は、美濃《みの》を奪取《だっしゅ》すると、次期将軍《しょうぐん》をねらう足利義昭《あしかがよしあき》と手をくみ、南近江《みなみおうみ》の六角軍《ろっかくぐん》をやぶって京《きょう》へと進出した。そして、義昭《よしあき》を将《しょう》軍《ぐん》にすえると、織田家《おだけ》が将軍《しょうぐん》の後《うし》ろ盾《だて》であると全国の大名に通達する。これを不服とした朝倉家《あさくらけ》は、通達を無視《むし》。信長《のぶなが》は激怒《げきど》し、朝倉《あさくら》家《け》を討伐《とうばつ》するべく越前《えちぜん》に出陣《しゅつじん》した。

しかし、この金ケ崎《かねがさき》の戦《たたか》いで、信長《のぶなが》は大敗した。浅井家《あざいけ》が、朝倉《あさくら》家《け》との同盟《どうめい》を重視《じゅうし》して信長《のぶなが》を裏切《うらぎ》り、織田軍《おだぐん》をはさみ撃《う》ちにしたのだ。撤退《てったい》をしいられて憤怒《ふんぬ》した信《のぶ》長《なが》は、戦力をととのえ、徳川家《とくがわいえ》康《やす》とともに北近江《きたおうみ》への出撃《しゅつげき》を決行。対する浅井《あざい》・朝倉《あさくら》も連合軍を結成し、織田《おだ》・徳川軍《とくがわぐん》をまちうけた。

そして両軍が、北近江《きたおうみ》の姉川《あねがわ》をはさみ対峙《たいじ》する！

戦国一の美女、お市《いち》の方《かた》 長政《ながまさ》の決断《けつだん》と信長《のぶなが》の怒《いか》り

信長《のぶなが》の十三歳《さい》下の妹、お市《いち》の方《かた》。彼女《かのじょ》は戦国一の美女で、かつ聡明《そうめい》だったとつたわる。浅井長政《あざいながまさ》は、彼女《かのじょ》を妻《つま》にむかえて愛をはぐくみ、三人の娘《むすめ》をもうけた。信長《のぶなが》は、長政《ながまさ》の誠実《せいじつ》な性格《せいかく》をとても気にいり、強固《きょうこ》な同盟《どうめい》をむすぶことができたと満足していた。それだけに、金ケ崎《かねがさき》の戦《たたか》いにおける浅井家《あざいけ》の裏切《うらぎ》りをきいたとき、信長《のぶなが》はすぐには信用しなかったという。退却後《たいきゃくご》に信長《のぶなが》は、長政《ながまさ》への怒《いか》りをあらわにし、朝倉家《あさくらけ》とともに浅井家《あざいけ》をも討伐《とうばつ》すると決意した。

対決！

姉川《あねがわ》の戦《たたか》い

織田《おだ》・徳川《とくがわ》連合軍 VS《バーサス》 浅井《あざい》・朝倉《あさくら》連合軍

四つの勢力《せいりょく》が参戦 熾烈《しれつ》をきわめる大激戦《だいげきせん》

浅井家《あざいけ》の領地《りょうち》、北近江《きたおうみ》にながれる姉川《あねがわ》の河原《かわら》に、織田《おだ》・徳川《とくがわ》連合軍と浅井《あざい》・朝倉《あさくら》連合軍が対《たい》峙《じ》して、陣《じん》をかまえた。戦力は、織田軍《おだぐん》が約二万、徳川軍《とくがわぐん》が約五千。対するは、浅井軍《あざいぐん》が約五千、朝倉軍《あさくらぐん》が約八千である。朝倉軍《あさくらぐん》の大将《たいしょう》は、当主の義景《よしかげ》の一族である景健《かげたけ》がつとめる。

先にうごいたのは、織田《おだ》・徳《とく》川《がわ》連合軍だった。徳川軍《とくがわぐん》は朝倉《あさくら》軍《ぐん》へと攻撃《こうげき》を開始。つづいて織《お》田軍《だぐん》は、浅井軍《あざいぐん》に突撃《とつげき》する。

戦力におとる浅井軍《あざいぐん》だったが、猛烈《もうれつ》に反撃《はんげき》し、織田軍《おだぐん》を圧倒《あっとう》した。一説には、十三段《だん》にかまえた織田軍《おだぐん》の陣《じん》を、十一段《だん》まで斬《き》りくずしたという。

一方、朝倉軍《あさくらぐん》は苦戦した。徳《とく》川軍《がわぐん》の猛攻《もうこう》をおさえきれず、次

合戦データ

◆1570年 夏	◆北近江《きたおうみ》（滋賀県《しがけん》）姉川《あねがわ》付近			
織田《おだ》・徳川軍《とくがわぐん》	総大将《そうだいしょう》	織田信長《おだのぶなが》・徳川家康《とくがわいえやす》	戦力《せんりょく》 約2万5千人	勝ち
浅井《あざい》・朝倉軍《あさくらぐん》	総大将《そうだいしょう》	浅井長政《あざいながまさ》・朝倉景健《あさくらかげたけ》（朝倉家《あさくらけ》の一族）	戦力《せんりょく》 約1万3千人	負け

イラスト：姉川《あねがわ》で激突《げきとつ》する両軍

第に陣形《じんけい》がくずされていく。

全軍、おしつおされつの総力《そうりょく》戦《せん》のなか、均衡《きんこう》をやぶったのは徳川軍《とくがわぐん》だった。朝倉軍《あさくらぐん》に対し優《ゆう》勢《せい》をとるなか、突如《とつじょ》、攻撃《こうげき》目標を浅井軍《あざいぐん》へとかえたのだ。横から攻撃《こうげき》された浅井軍《あざいぐん》は総《そう》くずれとなり、朝倉軍《あさくらぐん》も戦線を維持《いじ》できず、退却《たいきゃく》をはじめた。

織田《おだ》・徳川《とくがわ》連合軍は、逃《に》げまどう敵兵《てきへい》を容赦《ようしゃ》なく追撃《ついげき》した。姉川《あねがわ》一帯は、血の色で真っ赤にそまったという。

敵対《てきたい》した者の末路

姉川《あねがわ》での敗戦後、浅井長政《あざいながまさ》は居城《きょじょう》の小谷《おだに》城《じょう》へと撤退《てったい》し、朝倉軍《あさくらぐん》も越前《えちぜん》にひきあげた。信長《のぶなが》は追撃《ついげき》をきりあげ、岐阜《ぎふ》へともどる。

しかし、朝倉家《あさくらけ》と浅井家《あさいけ》は、信長《のぶなが》に敵対《てきたい》しつづけた。比叡山延暦寺《ひえいざんえんりゃくじ》や石山本願寺《いしやまほんがんじ》と連携《れんけい》して、各地で抵抗《ていこう》をこころみたのだ。

姉川《あねがわ》の戦《たたか》いから三年後、信長《のぶなが》は、朝倉家《あさくらけ》と浅井家《あさいけ》の討伐《とうばつ》を大規模《だいきぼ》に実施《じっし》する。朝倉《あさくら》は、本拠地《ほんきょち》の一乗谷城《いちじょうだにじょう》まで攻《せ》めこまれ、当主の義景《よしかげ》が戦死。浅井《あざい》もまた、本拠地《ほんきょち》の小《お》谷城《だにじょう》をおとされ、長政《ながまさ》が自害する。こうして、朝倉家《あさくらけ》と浅井家《あざいけ》は滅亡《めつぼう》した。

長政《ながまさ》の妻《つま》・お市《いち》の方《かた》と、三人の娘《むすめ》である茶々《ちゃちゃ》、初《はつ》、江《ごう》は、戦火をのがれて織田家《おだけ》に保護《ほご》された。茶々《ちゃちゃ》はその後、豊臣秀吉《とよとみひでよし》の妻《つま》（側室《そくしつ》）となる。

室町幕府《むろまちばくふ》の滅亡《めつぼう》

室町幕府《むろまちばくふ》を滅亡《めつぼう》させたのは、信長《のぶなが》だといわれる。室《むろ》町幕府《まちばくふ》の成立から滅亡《めつぼう》までの間になにがおこり、信長《のぶなが》はどのようにかかわったのだろうか。

室町幕府《むろまちばくふ》初代将軍《しょうぐん》
足利尊氏《あしかがたかうじ》
（一三〇五年〜一三五八年）

足利尊氏《あしかがたかうじ》がひらく

一三三三年、鎌倉幕府《かまくらばくふ》は、各地の武士《ぶし》が反乱《はんらん》をおこして滅亡《めつぼう》においこまれた。その後、政治《せいじ》の拠点《きょてん》を鎌倉《かまくら》から京《きょう》にうつして室町幕府《むろまちばくふ》がひらかれ、足利尊氏《あしかがたかうじ》が初代将軍《しょうぐん》となる。以《い》降《こう》、足利家《あしかがけ》が征夷大将軍《せいいたいしょうぐん》の職《しょく》を継承《けいしょう》しつつ、武家政権《ぶけせいけん》による全国の統治《とうち》がつづいていく。

応仁《おうにん》の乱《らん》で弱体化

一四六七年、将軍家《しょうぐんけ》の跡《あと》つぎをめぐるあらそいに有力な武士《ぶし》たちがかかわり、京《きょう》を主戦場とした大合戦、応仁《おうにん》の乱《らん》がおこる。この争乱《そうらん》は約十一年つづき、幕府《ばくふ》の権力《けんりょく》が弱体化する主因《しゅいん》となった。

すると、各地の大名が領地《りょうち》をめぐってあらそいはじめ、戦国時代が幕《まく》をあける。このとき、身分の低い者が実力で権力《けんりょく》を勝ちとる「下克上《げこくじょう》」の機運が生じ、さまざまな戦国武将《ぶしょう》が頭角《とうかく》をあらわした。

足利義昭《あしかがよしあき》の入京《にゅうきょう》

足利義昭《あしかがよしあき》は、十二代将軍《しょうぐん》の足利義《あしかがよし》

室町幕府《むろまちばくふ》十五代将軍《しょうぐん》
足利《あしかが》義昭《よしあき》
（一五三七年～一五九七年）

晴《はる》の次男としてうまれ、後継者騒動《こうけいしゃそうどう》をさけるため、少年時代に出家させられた。しかし、政権《せいけん》の奪取《だっしゅ》をもくろむ有力者たちが、十三代将軍《しょうぐん》で義《よし》昭《あき》の兄の義輝《よしてる》を暗殺し、義昭《よしあき》の従兄《いと》弟《こ》の義栄《よしひで》を次期将軍《しょうぐん》に擁立《ようりつ》する。

この状況《じょうきょう》に、義昭《よしあき》は将軍《しょうぐん》になることを決意し、各地の有力大名に協力を要請《ようせい》した。親交がふかいはずの南《みなみ》近江《おうみ》の六角家《ろっかくけ》や越前《えちぜん》の朝倉家《あさくらけ》などが難色《なんしょく》をしめすなか、尾張《おわり》と美濃《みの》を支配下《しはいか》におく織田信長《おだのぶなが》は要請《ようせい》を快《かい》諾《だく》。義昭《よしあき》は、織田軍《おだぐん》の護衛《ごえい》とともに京《きょう》にはいり、一五六八年に十五代将《しょう》軍《ぐん》の座《ざ》についた。なお、その直前に、十四代将軍《しょうぐん》となっていた義栄《よしひで》は、病死している。

信長《のぶなが》の思惑《おもわく》

義昭《よしあき》は、信長《のぶなが》に副将軍《ふくしょうぐん》と管領職《かんれいしょく》をあたえようとしたが、信長《のぶなが》はそれをことわった。信長《のぶなが》は、自身の野望である天下統一《てんかとういつ》のために、義昭《よしあき》を利用しようとしていたのだ。本性《ほんしょう》をあらわした信長《のぶなが》は、「五ヶ条《ごかじょう》の覚書《おぼえがき》」を義昭《よしあき》につきつけ、将軍《しょうぐん》の権力《けんりょく》の制約《せいやく》を命《めい》じた。

義昭《よしあき》は、信長《のぶなが》を憎悪《ぞうお》するようになった。そして、石山本願寺《いしやまほんがんじ》の顕如《けんにょ》と共《きょう》謀《ぼう》して、武田家《たけだけ》、朝倉家《あさくらけ》、浅井家《あざいけ》などに織田家《おだけ》の討伐《とうばつ》を命《めい》じ、信長《のぶなが》を排《はい》除《じょ》するための包囲網《ほういもう》を広範囲《こうはんい》につくりあげていく。

幕府《ばくふ》の滅亡《めつぼう》

一五七三年、激怒《げきど》した信長《のぶなが》は、義《よし》昭《あき》を京《きょう》から追放《ついほう》した。これをもって、室町幕府《むろまちばくふ》は滅亡《めつぼう》したとされる。義昭《よしあき》は、その後も信長包囲網《のぶながほういもう》に協力しつつ幕府《ばくふ》の再興《さいこう》をはかったが、ついに実現《じつげん》せず、豊臣秀吉《とよとみひでよし》に仕《つか》えて世をおえた。

信長《のぶなが》のライバル 五

顕如《けんにょ》

旧来《きゅうらい》の秩序《ちつじょ》を破壊《はかい》する信長《のぶなが》に対し、宗教勢力《しゅうきょうせいりょく》が徹底抗戦《てっていこうせん》をしかける。

本拠地《ほんきょち》 摂津《せっつ》（大阪府《おおさかふ》）

居城《きょじょう》 石山本願寺《いしやまほんがんじ》

宗教勢力《しゅうきょうせいりょく》として信長《のぶなが》と敵対《てきたい》 信長包囲網《のぶながほういもう》を形成する

石山本願寺《いしやまほんがんじ》を総本山《そうほんざん》とする浄土《じょうど》真宗本願寺派《しんしゅうほんがんじは》。別名を一向宗《いっこうしゅう》という。全国に多くの門徒《もんと》をあつめる。彼《かれ》らは、強大な兵員をもち、その軍事力は戦国大名にひけをとらない。各地で農民たちが蜂起《ほうき》した「一向一揆《いっこういっき》」は、一向宗《いっこうしゅう》の門徒《もんと》が主導《しゅどう》していた。

顕如《けんにょ》は、石山本願寺《いしやまほんがんじ》の十一世門主《もんしゅ》である。彼《かれ》は、各地の一向一揆《いっこういっき》を掌握《しょうあく》し、公家《くげ》や大名と積極的に姻戚《いんせき》をむすんで地盤《じばん》をかため、一向宗《いっこうしゅう》の最盛期《さいせいき》をきずきあげた。

顕如《けんにょ》は、旧来《きゅうらい》の秩序《ちつじょ》を破壊《はかい》して天下統一《てんかとういつ》をもくろむ信長《のぶなが》の台頭《たいとう》を危惧《きぐ》していた。そして、親交のふかい朝倉家《あさくらけ》が姉川《あねがわ》の戦《たたか》いで敗北すると、信長《のぶなが》に敵対《てきたい》する意思をかためる。顕如《けんにょ》は、織田家《おだけ》に敵意《てきい》をいだく勢力《せいりょく》と連携《れんけい》をとり、信長《のぶなが》を打倒《だとう》するべく行動を開始した。

まず、顕如《けんにょ》の息のかかった武将《ぶしょう》が、摂津《せっつ》で挙兵した。信長《のぶなが》は、これを鎮圧《ちんあつ》するため摂津《せっつ》へと出陣《しゅつじん》する。そこへ、顕如《けんにょ》がひきいる石山本願寺《いしやまほんがんじ》が、横をついて織田軍《おだぐん》を攻撃《こうげき》。さらに、一向宗《いっこうしゅう》とは宗派《しゅうは》のことなる天台宗《てんだいしゅう》の比叡山延暦寺《ひえいざんえんりゃくじ》の決起をうながし、姉川《あねがわ》の戦《たたか》いで敗北した朝倉《あさくら》・浅井《あざい》連合軍とともに近江《おうみ》へと侵攻《しんこう》させた。このとき伊勢《いせ》でも、顕如《けんにょ》のよびかけで、一向一揆《いっこういっき》がはじまった。

信長包囲網《のぶながほういもう》のたたかいは、泥沼化《どろぬまか》の一途《いっと》をたどる。

仏教《ぶっきょう》を敵《てき》にまわした信長《のぶなが》の意図は?

織田信長《おだのぶなが》には、仏教《ぶっきょう》をきらって徹底的《てっていてき》に弾圧《だんあつ》し、キリスト教は優遇《ゆうぐう》したというイメージがある。

信長《のぶなが》は、仏教《ぶっきょう》をきらっていたわけではない。軍事力をもち、民衆《みんしゅう》を扇動《せんどう》し、政《せい》治《じ》にまで介入《かいにゅう》するという大名のようなふるまいを、仏教《ぶっきょう》をかたって正当化することがゆるせなかったのだ。ゆえに、武力《ぶりょく》で敵対《てきたい》した際《さい》は容赦《ようしゃ》しなかった。

キリスト教に対しては、渡来品《とらいひん》の提供《ていきょう》とひきかえに布教《ふきょう》をゆるしたが、入信をもちかけられても拒絶《きょぜつ》していた。

対決!

信長包囲網《のぶながほういもう》

織田信長《おだのぶなが》 VS 反織田勢力《はんおだせいりょく》

信長《のぶなが》の敵対勢力《てきたいせいりょく》が周辺国で一斉蜂起《いっせいほうき》

摂津《せっつ》に進撃《しんげき》した織田軍《おだぐん》を、石山本願寺《いしやまほんがんじ》が攻撃《こうげき》した。この石山合戦《かっせん》には、一向宗《いっこうしゅう》の門徒《もんと》で鉄砲《てっぽう》を得意とする地侍《じざむらい》の集団《しゅうだん》、雑賀衆《さいかしゅう》が参戦した。本願寺《ほんがんじ》は、屈強《くっきょう》な門徒《もんと》の兵と雑賀衆《さいかしゅう》が奮戦《ふんせん》し、織田軍《おだぐん》を翻弄《ほんろう》する。この合戦は、決着がつかぬまま、十年にもおよぶことになる。

本願寺《ほんがんじ》の決起から一カ月後、近江《おうみ》で志賀《しが》の陣《じん》が勃発《ぼっぱつ》した。これは、姉川《あねがわ》の戦《たたか》いで敗北した朝《あさ》倉軍《くらぐん》と浅井軍《あざいぐん》が、比叡山延暦寺《ひえいざんえんりゃくじ》の門徒《もんと》と合流して挙兵したものだ。連合軍は京《きょう》をめざして進軍したが、織田軍《おだぐん》の猛攻《もうこう》におしかえされ、比叡山《ひえいざん》まで撤退《てったい》。延暦《えんりゃく》寺《じ》での籠城戦《ろうじょうせん》に突入《とつにゅう》する。

信長《のぶなが》が、近江《おうみ》の合戦の対応《たいおう》におわれるなか、伊勢《いせ》で、顕如《けんにょ》の

合戦データ				
◆石山合戦《いしやまかっせん》（1570年～1580年）	織田軍《おだぐん》	勝ち	本願寺軍《ほんがんじぐん》	負け
◆志賀の陣《しがのじん》（1570年 秋）	織田軍《おだぐん》	勝ち	浅井《あざい》・朝倉《あさくら》・延暦寺《えんりゃくじ》連合軍	負け
◆長島一向一揆《ながしまいっこういっき》（1570年～1574年）	織田軍《おだぐん》	勝ち	一向一揆軍《いっこういっきぐん》	負け
◆延暦寺焼《えんりゃくじや》き討《う》ち（1571年 秋）	織田軍《おだぐん》	勝ち	延暦寺軍《えんりゃくじぐん》	負け

イラスト：炎上《えんじょう》する比叡山延暦寺《ひえいざんえんりゃくじ》

手びきによる長島一向一揆《ながしまいっこういっき》が勃《ぼっ》発《ぱつ》した。一揆軍《いっきぐん》は、信長《のぶなが》の弟の信与《のぶとも》が守る小木江城《こきえじょう》を攻《せ》めおとし、信与《のぶとも》を切腹《せっぷく》においこんだ。

信長《のぶなが》は、この圧倒的《あっとうてき》に不利な包囲網《ほういもう》に対し、各個撃破《かっこげきは》で応戦《おうせん》していく。比叡山延暦寺《ひえいざんえんりゃくじ》を焼《や》き討《う》ちにし、朝倉《あさくら》と浅井《あざい》を撃破《げきは》して滅亡《めつぼう》させ、長島一向一揆《ながしまいっこういっき》は八万人の大軍勢《だいぐんぜい》で攻《せ》めて、敵《てき》勢力《せいりょく》を皆殺《みなごろ》しにした。石山合戦《いしやまかっせん》も、顕如《けんにょ》が降伏《こうふく》して終結。信長《のぶなが》は、本願寺《ほんがんじ》も全焼させた。

信長包囲網《のぶながほういもう》の余波《よは》

十年におよぶ石山合戦《いしやまかっせん》のさなか、顕如《けんにょ》は、信長包囲網をさらにおしひろげていた。信《のぶ》長《なが》と反目した将軍《しょうぐん》の足利義昭《あしかがよしあき》を後《うし》ろ盾《だて》にして、甲斐《かい》の武田信玄《たけだしんげん》、安芸《あき》の毛利元就《もうりもとなり》など有力な大名を味方につけていったのだ。信《のぶ》長《なが》は、顕如《けんにょ》ら宗教勢力《しゅうきょうせいりょく》と敵対《てきたい》したことでさらなる敵《てき》をふやし、天下統一《てんかとういつ》事業を大幅《おおはば》におくらせてしまうことになる。

「仏敵《ぶってき》」の烙印《らくいん》をおされた信長《のぶなが》だが、本人は悪びれもしていなかったようだ。信長《のぶなが》と親交をふかめた宣教師《せんきょうし》フロイスの手記によると、延暦寺《えんりゃくじ》の焼《や》き討《う》ちに激怒《げきど》した武田信《たけだしん》玄《げん》から、はげしい抗議文《こうぎぶん》がとどいた際《さい》、信《のぶ》長《なが》は、「自分は第六天魔王《だいろくてんまおう》だ」とかえしたという。第六天魔王《だいろくてんまおう》とは、仏教《ぶっきょう》の経典《きょうてん》に登場する、仏道《ぶつどう》を阻害《そがい》する天魔《てんま》のことだ。

信長《のぶなが》のライバル　六

武田家《たけだけ》

晩年《ばんねん》に信玄《しんげん》が信長《のぶなが》と敵対《てきたい》。
次代の勝頼《かつより》が長篠合戦《ながしののかっせん》で
織田軍《おだぐん》に決戦をいどむ。

本拠地《ほんきょち》　甲斐《かい》（山梨県《やまなしけん》）

居城《きょじょう》　躑躅ヶ崎館《つつじがさきやかた》

戦国乱世《らんせい》を震撼《しんかん》させた最強の戦闘《せんとう》国家

武田家《たけだけ》を戦国最強といわしめたのは、「甲斐《かい》の虎《とら》」こと、十九代当主・武田信玄《たけだしんげん》である。配下には、無類の戦歴をほこる武田《たけだ》二十四将《にじゅうししょう》を筆頭に、勇猛果敢《ゆうもうかかん》な武田騎馬隊《たけだきばたい》ほか、屈強《くっきょう》な軍団《ぐんだん》がそろう。「風《ふう》林火山《りんかざん》」で知られる武田軍《たけだぐん》の兵法《へいほう》は、つねに敵軍《てきぐん》を圧倒《あっとう》した。

唯一《ゆいいつ》、信玄《しんげん》と互角《ごかく》にわたりあったのが、越後《えちご》の上杉謙信《うえすぎけんしん》だ。両者は信濃《しなの》の川中島《かわなかじま》で五度も合戦をおこない、四度目の合戦では信玄《しんげん》と謙信《けんしん》が一騎討《いっきう》ちをしたとつたわる。

信玄《しんげん》と信長《のぶなが》は、長らく同盟《どうめい》関係にあった。しかし、将軍足利義昭《しょうぐんあしかがよしあき》を後《うし》ろ盾《だて》とした、信長包囲網《のぶながほういもう》への参加要請《ようせい》が本願寺《ほんがんじ》の顕如《けんにょ》からとどくと、信玄《しんげん》は京《きょう》へと進軍する決意をかためる。そこには、延暦寺《えんりゃくじ》を焼《や》き討《う》ちにした信長《のぶなが》を打倒《だとう》せんとする正義感《せいぎかん》や、天下をねらう野望があったのかもしれない。

一五七二年、京《きょう》へと進軍を開始した信玄軍《しんげんぐん》は、遠江《とおとうみ》の三方ヶ原《みかたがはら》の戦《たたか》いで、徳川家康軍《とくがわいえやすぐん》に大勝した。しかしその直後、悲運にも信玄《しんげん》は、病気をわずらい急死する。やむなく武田軍《たけだぐん》は撤退《てったい》。当主の座《ざ》には息子の勝頼《かつより》がついたが、家臣団《かしんだん》は勝《かつ》頼《より》の能力をうたがい、不安がひろがる。勝頼《かつより》は、実力をしめして家中の動揺《どうよう》をおさめるべく、ふたたび徳川家康《とくがわいえやす》を攻撃《こうげき》する。

そして長篠《ながしの》。武田騎馬隊《たけだきばたい》を織田鉄砲隊《おだてっぽうたい》がむかえうつ!

敵対《てきたい》しない努力と敵対《てきたい》したときのそなえ

信長《のぶなが》は、信玄《しんげん》と敵対《てきたい》しないよう、最大《さいだい》限《げん》の努力をしていた。政略結婚《せいりゃくけっこん》で同盟《どうめい》をむすび、何度も贈《おく》り物《もの》をわたして機嫌《きげん》をとっている。ゆえに、信玄《しんげん》が京《きょう》にむけて進軍をはじめ、三方ヶ原《みかたがはら》で徳川軍《とくがわぐん》をやぶったときには、肝《きも》をひやしたにちがいない。

一方で信長《のぶなが》は、武田騎馬隊《たけだきばたい》との合戦をも想定していたのだろうか、大量の鉄砲《てっぽう》を着々《ちゃくちゃく》と買いあつめていた。そして、卓《たく》越《えつ》した射撃《しゃげき》の腕前《うでまえ》をもつ重臣《じゅうしん》・滝川一益《たきがわかずます》に鉄砲隊《てっぽうたい》を組織《そしき》させ、兵たちに最新の鉄《てっ》砲術《ぼうじゅつ》を訓練させていた。

対決！

長篠合戦《ながしののかっせん》（長篠《ながしの》の戦《たたか》い）

織田《おだ》・徳川《とくがわ》連合軍 VS 武田勝頼《たけだかつより》

百戦錬磨《ひゃくせんれんま》の騎馬隊《きばたい》を鉄砲《てっぽう》の一斉射撃《いっせいしゃげき》で翻弄《ほんろう》

三河《みかわ》に侵攻《しんこう》した武田軍《たけだぐん》は、徳川方《とくがわがた》の長篠城《ながしのじょう》を包囲して猛攻《もうこう》をはじめた。救援《きゅうえん》にかけつけた織田《おだ》・徳川《とくがわ》連合軍は、四千の兵を援軍《えんぐん》にむかわせ、包囲する武田軍《たけだぐん》の撃退《げきたい》に成功する。その後、両軍は長篠城《ながしのじょう》付近の設楽原《したらがはら》にて対峙《たいじ》。信長《のぶなが》は、敵騎馬隊《てききばたい》を足どめするために長大な柵《さく》を設置《せっち》させ、約千人の鉄砲隊《てっぽうたい》を編成《へんせい》して、持ち場につかせた。渡来《とらい》したばかりの鉄砲《てっぽう》を実戦で大量投入するのは、日本の戦史において初のこころみである。

明け方、武田軍《たけだぐん》の突撃《とつげき》がはじまった。武田軍《たけだぐん》は、騎馬隊《きばたい》を主《しゅ》軸《じく》とした五段《だん》がまえの必勝戦法で、多重攻撃《こうげき》をしかける。その第一段《だん》目の編隊《へんたい》がおしよせてくるやいなや、織田鉄砲隊《おだてっぽうたい》が一斉《いっせい》

※織田鉄砲隊《おだてっぽうたい》は約3,000人とする説もあります。

合戦データ	◆1575年 春	◆三河《みかわ》（愛知県《あいちけん》）長篠城設楽原《ながしのじょうしたらがはら》			
織田《おだ》・徳川《とくがわ》連合軍	総大将《そうだいしょう》	織田信長《おだのぶなが》・徳川家康《とくがわいえやす》	戦力《せんりょく》	約3万8千人	勝ち
武田軍《たけだぐん》	総大将《そうだいしょう》	武田勝頼《たけだかつより》	戦力《せんりょく》	約1万5千人	負け

イラスト：武田騎馬隊《たけだきばたい》をむかえうつ織田鉄砲隊《おだてっぽうたい》

に火をふいた。戦場に轟音《ごうおん》がとどろき、武田軍《たけだぐん》に戦慄《せんりつ》がはしる。騎馬《きば》はおののき脚《あし》をとめた。すかさず、織田鉄砲隊《おだてっぽうたい》はさらなる射撃《しゃげき》をはじめる。武田軍《たけだぐん》の先鋒《せんぽう》は退却《たいきゃく》を余儀《よぎ》なくされた。

武田軍《たけだぐん》は、二段《だん》目、三段《だん》目と同様に突撃《とつげき》をくりかえした。織《お》田鉄砲隊《だてっぽうたい》もまた、そのたびに一《いっ》斉射撃《せいしゃげき》で応戦《おうせん》した。そして昼すぎ、五段《だん》目までも敗北した武田《たけだ》軍《ぐん》は、敵兵《てきへい》と刃《やいば》をまじえることもかなわず、撤退《てったい》をはじめた。

急転直下の武田家《たけだけ》

撤退《てったい》する武田軍《たけだぐん》を、織田《おだ》・徳川《とくがわ》連合軍は猛烈《もうれつ》に追撃《ついげき》。武田軍《たけだぐん》の戦死者は、多数にのぼった。戦国最強の武田騎馬隊《たけだきばたい》が、新兵器の鉄砲隊《てっぽうたい》を前になすすべなく敗北するという、日本の戦史を一変する合戦だった。

この一戦で、武田勝頼《たけだかつより》は、家臣団《かしんだん》の信頼《しんらい》を完全にうしなった。信長《のぶなが》の侵攻《しんこう》にそなえて本拠《ほんきょ》を新府城《しんぷじょう》にうつし、敵対《てきたい》していた上《うえ》杉家《すぎけ》と同盟《どうめい》をむすぶなどの改革《かいかく》を実施《じっし》してたてなおしをはかるも、家中の理解《りかい》はえられず、将兵《しょうへい》の離反者《りはんしゃ》が続出した。

織田《おだ》・徳川《とくがわ》連合軍は、武田軍《たけだぐん》を撃破《げきは》して進軍し、一五八二年、ついに新府城《しんぷじょう》へとせまった。勝頼《かつより》は城《しろ》に火をはなって逃走《とうそう》したが、織田軍《おだぐん》においつかれて自害。これにより、戦国大名としての武田家《たけだけ》は滅亡《めつぼう》した。

天下を見すえた安土城《あづちじょう》

信長《のぶなが》は、天下統一《てんかとういつ》事業の一環《いっかん》として安土《あづち》城《じょう》をきずいた。安土城《あづちじょう》は、信長《のぶなが》の大胆《だいたん》な発想をもりこみ、斬新《ざんしん》な趣向《しゅこう》がこらされた。

信長《のぶなが》の居城《きょじょう》の変遷《へんせん》

信長《のぶなが》は、本拠地《ほんきょち》とする城《しろ》をたびたびかえている。信長《のぶなが》の城《しろ》として有名な「安土城《あづちじょう》」は、最後の居城《きょじょう》である。

・勝幡城《しょばたじょう》（一五三四年～一五四二年）
・那古野城《なごやじょう》（一五四二年～一五五五年）
・清洲城《きよすじょう》（一五五五年～一五六三年）
・小牧山城《こまきやまじょう》（一五六三年～一五六七年）
・岐阜城《ぎふじょう》（一五六七年～一五七六年）
・安土城《あづちじょう》（一五七六年～一五八二年）

戦国時代の「城《しろ》」

戦国時代の城《しろ》は、敵《てき》の侵攻《しんこう》をくいとめる軍事拠点《きょてん》だった。外装《がいそう》は簡素《かんそ》で、派手《はで》な装飾《そうしょく》はほどこされず、地の利にかなった防御力《ぼうぎょりょく》が重視《じゅうし》された。

山の頂上《ちょうじょう》にきずかれた城《しろ》を、「山城《やまじろ》」という。山城《やまじろ》は、山の斜《しゃ》面《めん》や断崖《だんがい》が、敵《てき》の進軍を困難《こんなん》にする。小牧山城《こまきやまじょう》や岐阜城《ぎふじょう》は、山城《やまじろ》にあたる。

平地にきずかれた城《しろ》は、「平《ひら》城《じろ》」という。城《しろ》の周囲に堀《ほり》をめぐらせたり、土塁《どるい》をつんだりして、敵《てき》が攻《せ》めにくい工夫がこらされた。川や沼《ぬま》を堀《ほり》として利用した平城《ひらじろ》もある。勝幡城《しょばたじょう》や那古野城《なごやじょう》、清洲城《きよすじょう》も

平城《ひらじろ》のイメージ

山城《やまじろ》のイメージ

は、平城《ひらじろ》にあたる。

安土城《あづちじょう》の斬新《ざんしん》さ

安土城《あづちじょう》は、琵琶湖《びわこ》の東岸にある安土山《あづちやま》の山頂《さんちょう》につくられた「山《やま》城《じろ》」だ。一五七六年に築城《ちくじょう》を開始し、一五七九年に完成した。信長《のぶなが》の死後に焼失したため詳細《しょうさい》は不明だが、一説に、高さが約三十二メートルある、日本一巨大《きょだい》な城《しろ》だったという。

外観は、最上階の天守《てんしゅ》は金箔《きんぱく》でおおわれ、柱は朱色《しゅいろ》、各所にきらびやかな装飾《そうしょく》がほどこされた、きわめて豪華《ごうか》なもの。城《しろ》の下部をすべて石垣《いしがき》としていることも、日本初だという。

信長《のぶなが》の意図

安土城《あづちじょう》は、京《きょう》や北陸《ほくりく》につづく交通の要所に位置しており、道幅《みちはば》も広くつくられていた。防御面《ぼうぎょめん》に難《なん》点《てん》があるが、信長《のぶなが》はこの城《しろ》を軍事拠点《きょてん》ではなく、天下に号令をかけるための政治拠点《せいじきょてん》とするつもりだったとみられる。

信長《のぶなが》は、安土城《あづちじょう》を大いに気にいり、天守《てんしゅ》の最上階で生活していたそうだ。

信長《のぶなが》のライバル 七

上《うえ》杉《すぎ》家《け》

織田家《おだけ》と同盟《どうめい》していたが幕府《ばくふ》を尊重《そんちょう》する立場から信長《のぶなが》包囲網《ほういもう》に参加する。

本拠地《ほんきょち》 越後《えちご》（新潟県《にいがたけん》）

居城《きょじょう》 春日山城《かすがやまじょう》

義《ぎ》をおもんじる「越後《えちご》の龍《りゅう》」幕府《ばくふ》を軽視《けいし》する信長《のぶなが》と敵対《てきたい》

下克上《げこくじょう》が横行する殺伐《さつばつ》とした戦国の世で、敵味方《てきみかた》をとわず、多くの人々《ひとびと》から「義《ぎ》をおもんじる武将《ぶしょう》」として信頼《しんらい》された稀有《けう》な大名が、越後《えちご》の上杉謙信《うえすぎけんしん》だ。彼《かれ》は、天下取りや領地拡大《りょうちかくだい》をのぞまず、一貫《いっかん》して朝廷《ちょうてい》をうやまい、幕府《ばくふ》を尊重《そんちょう》した。また、つねに弱者の味方となり、強者の横暴《おうぼう》にたちむかった。いざ挙兵すれば、なみはずれた戦上手《いくさじょうず》であり、「越後《えちご》の龍《りゅう》」や「軍神《ぐんしん》」とよばれた。

武田信玄《たけだしんげん》とは、川中島《かわなかじま》の戦《たたか》いで五度にわたり合戦した。信玄《しんげん》は、合戦をかさねて好敵手《こうてきしゅ》とみとめたのか、病死する間際《まぎわ》に、「なにかあったら謙信《けんしん》をたよれ」と、息子の勝頼《かつより》に遺言《ゆいごん》をのこしている。

上杉軍《うえすぎぐん》と織田軍《おだぐん》が、加賀《かが》の手取川《てどりがわ》にて衝突《しょうとつ》する！

信長《のぶなが》とは、信玄《しんげん》が共通の敵《てき》だったことから、同盟《どうめい》をむすんでいた。しかし、信玄《しんげん》が病死したのち、将軍《しょうぐん》の足利義昭《あしかがよしあき》を後《うし》ろ盾《だて》とする本願寺《ほんがんじ》の顕如《けんにょ》から、信長包囲網《のぶながほういもう》への協力を打診《だしん》されると、謙信《けんしん》はそれを承諾《しょうだく》。幕府《ばくふ》を尊重《そんちょう》する謙信《けんしん》は、織田家《おだけ》との同盟《どうめい》を破棄《はき》し、信長《のぶなが》と敵対《てきたい》した。

謙信《けんしん》は、織田家《おだけ》の領土《りょうど》をうばうべく、進撃《しんげき》を開始した。その初戦は、織田方《おだがた》に味方する能登《のと》の七尾城《ななおじょう》の攻略《こうりゃく》だった。信長《のぶなが》は、七尾城《ななおじょう》からとどいた救援要請《きゅうえんようせい》に対し、柴田勝家《しばたかついえ》を大将《たいしょう》とする精鋭《せいえい》部隊の派遣《はけん》を決意する。

北上する織田軍《おだぐん》 内輪《うちわ》もめで戦力喪失《そうしつ》

七尾城《ななおじょう》の救援《きゅうえん》にむかう織田軍《おだぐん》に、信長《のぶなが》自身は同行していないが、大将《たいしょう》の柴田勝家《しばたかついえ》のほか、羽柴秀吉《はしばひでよし》や明智光秀《あけちみつひで》、滝川一益《たきがわかずます》、丹羽長秀《にわながひで》といった有力武将《ぶしょう》が名をつらねており、信長《のぶなが》の本気がうかがえる。

ところが、進軍のさなかに内輪《うちわ》もめがおこる。『信長公記《しんちょうこうき》』には、「秀吉《ひでよし》が、勝家《かついえ》と意見があわず、許可《きょか》もとらずに撤退《てったい》してしまった。信長《のぶなが》はけしからぬと激怒《げきど》し、秀吉《ひでよし》はどうしたらよいか困惑《こんわく》していた」とある。強敵《きょうてき》との決戦前に、織田軍《おだぐん》の戦力がうしなわれていたのだ。

対決！ 手取川《てどりがわ》の戦《たたか》い

織田軍《おだぐん》 VS 上杉謙信《うえすぎけんしん》

増水《ぞうすい》する手取川《てどりがわ》で一方的な追撃戦《ついげきせん》

上杉軍《うえすぎぐん》の攻撃《こうげき》をうける七尾城《ななおじょう》を救援《きゅうえん》するべく、織田軍《おだぐん》はいそぎ北上した。しかし、加賀《かが》の手《て》取川《どりがわ》をこえたところで、七尾城《ななおじょう》が落城《らくじょう》したとの知らせがとどく。総大将《そうだいしょう》の柴田勝家《しばたかついえ》は、これ以上の進軍は無意味だと判断《はんだん》し、全軍に撤退《てったい》を命《めい》じた。

七尾城《ななおじょう》の攻略《こうりゃく》に成功した上杉《うえすぎ》軍《ぐん》は、北上してくる織田軍《おだぐん》をむかえうつため、南へと兵をすすめていた。そして、手取川《てどりがわ》まで到達《とうたつ》したとき、眼前《がんぜん》には、川をわたって撤退《てったい》しているさなかの、織田軍《おだぐん》の姿《すがた》があった。

謙信《けんしん》は、この好機をのがさなかった。全軍に突撃《とつげき》を命《めい》じ、織《お》田軍《だぐん》の背後《はいご》から猛攻《もうこう》をしかけたのだ。不意をつかれた織田軍《おだぐん》は、川のなかでおもうようにうごけず、ただ逃《に》げまどった。さらに、織田軍《おだぐん》にとっては不運なことに、このときの手取川《てどりがわ》は増水《ぞうすい》しており、多くの兵が溺死《できし》していった。

織田軍《おだぐん》は、まったく反撃《はんげき》できないまま、大敗した。謙信《けんしん》は、あまりにも手ごたえのないこの合戦に、「信長《のぶなが》は、思っていたよりも弱い」と判断《はんだん》。これならば織田家《おだけ》の征伐《せいばつ》もむずかしくはないだろうとかんがえ、遠征準《えんせいじゅん》備《び》をととのえるために、いったん越後《えちご》へと兵をひいた。

合戦データ	◆1577年 秋	◆加賀《かが》（石川県《いしかわけん》）手取川《てどりがわ》			
織田軍《おだぐん》	総大将《そうだいしょう》	柴田勝家《しばたかついえ》	戦力《せんりょく》	約3万人	負け
上杉軍《うえすぎぐん》	総大将《そうだいしょう》	上杉謙信《うえすぎけんしん》	戦力《せんりょく》	約2万人	勝ち

イラスト：織田軍《おだぐん》への追撃《ついげき》を命《めい》じる上杉謙信《うえすぎけんしん》

偉大《いだい》なる当主の死

謙信《けんしん》は、翌年《よくとし》の春に遠征《えんせい》を決行するべく準備《じゅんび》をはじめた。しかし、出兵の直前に病気をわずらい、急死する。謙信《けんしん》は独身《どくしん》で実子がなく、後継者《こうけいしゃ》を指名しないまま世をさってしまったため、家中は混乱《こんらん》し、はげしい家督《かとく》あらそいが勃発《ぼっぱつ》。その結果、上杉家《うえすぎけ》の勢力《せいりょく》は大きく衰退《すいたい》していくことになる。

信長《のぶなが》は、またも強運にたすけられた格好《かっこう》だ。戦国二強の武田信玄《たけだしんげん》と上杉謙信《うえすぎけんしん》が、信《のぶ》長《なが》と敵対《てきたい》したとたんに急死したのだ。

信長《のぶなが》は、謙信《けんしん》の死という好機をのがさず、ふたたび北に侵攻《しんこう》した。総大将《そうだいしょう》をつとめた柴田勝家《しばたかついえ》は、手取川《てどりがわ》での敗北の汚名《おめい》をはらさんとばかりに奮戦《ふんせん》し、上杉領《うえすぎりょう》の加賀《かが》と能《の》登《と》を制圧《せいあつ》。さらに越中《えっちゅう》西部にも進出をはたし、織田家《おだけ》の領地《りょうち》は拡大《かくだい》の一途《いっと》をたどる。

各地の地《じ》侍《ざむらい》衆《しゅう》

伊賀者《いがもの》、甲賀者《こうかもの》、雑賀衆《さいかしゅう》など、各地の地侍《じざむらい》が信長《のぶなが》をねらう。

本拠地《ほんきょち》

伊賀《いが》（三重県《みえけん》西部）甲賀《こうか》（近江《おうみ》〈滋賀県《しがけん》〉南部）ほか

曲者《くせもの》ぞろいの地侍《じざむらい》たちが信長《のぶなが》の命をねらい暗躍《あんやく》

各地の大名は、急速に勢力《せいりょく》を拡《かく》大《だい》させる織田《おだ》家《け》をつぶさんと、有力な地侍《じざむらい》をやとって、さまざまな対抗手段《たいこうしゅだん》をとった。地侍《じざむらい》は、全国に点在《てんざい》する武装集団《ぶそうしゅうだん》で、傭兵《ようへい》部隊として合戦に参加したり、依頼《いらい》におうじて情報収集《じょうほうしゅうしゅう》をおこなったりする。伊賀《いが》や甲賀《こうか》の地侍《じざむらい》は、隠密《おんみつ》任務《にんむ》を得意とし、後世に「忍者《にんじゃ》」の名称《めいしょう》で有名になった。

南近江《みなみおうみ》の大名の六角家《ろっかくけ》は、甲賀《こうか》者《もの》の杉谷善住坊《すぎたにぜんじゅぼう》に、信長《のぶなが》の暗殺を依頼《いらい》した。百発百中とよばれた鉄《てっ》砲《ぽう》の名手である善住坊《ぜんじゅぼう》は、近江《おうみ》の千草越《ちぐさごえ》という街道で信長《のぶなが》を狙《そ》撃《げき》。しかし、弾丸《だんがん》は信長《のぶなが》をかすめただけで、暗殺に失敗する。数年後、善住坊《ぜんじゅぼう》は織田家臣《おだかしん》にとらえられ、処刑《しょけい》された。

紀州《きしゅう》東部に拠点《きょてん》をおく地侍《じざむらい》の雑《さい》賀衆《かしゅう》は、数千丁の鉄砲《てっぽう》をそなえた特殊《とくしゅ》部隊をもっている。一向宗門《いっこうしゅうもん》徒《と》でもある彼《かれ》らは、顕如《けんにょ》のもとめにおうじて石山合戦《いしやまかっせん》に参戦し、練成されたたくみな鉄砲術《てっぽうじゅつ》で、織田《おだ》軍《ぐん》を翻弄《ほんろう》しつづけた。

伊賀者《いがもの》たちの徹底抗戦《てっていこうせん》が織田軍《おだぐん》をくるしめる！

伊賀者《いがもの》は、領地《りょうち》の拡大《かくだい》をねらう織田軍《おだぐん》の侵攻《しんこう》をうけて、苛烈《かれつ》な交戦をしいられた。伊賀《いが》の里を戦場としたこの合戦を、「天正伊賀《てんしょういが》の乱《らん》」といい、最後まで織田軍《おだぐん》にあらがった伊賀者《いがもの》の名が、世に知られることになる。

織田家臣《おだかしん》の滝川一益《たきがわかずます》は甲賀《こうか》出身で鉄砲《てっぽう》の名手

多くの地侍《じざむらい》から命をねらわれた信長《のぶなが》だが、彼《かれ》も、甲賀者《こうかもの》などをやとって情報収《じょうほうしゅう》集《しゅう》などをおこなっていたという。

織田家臣《おだかしん》の滝川一益《たきがわかずます》は、甲賀《こうか》の武家《ぶけ》の出身だ。少年時代に鉄砲術《てっぽうじゅつ》を会得《えとく》し、信《のぶ》長《なが》の前でみごとな射撃《しゃげき》を披露《ひろう》して気にいられ、家臣《かしん》にとりたてられた。

一益《かずます》は、戦場でのたくみな用兵や、鉄《てっ》甲船《こうせん》の開発などで手柄《てがら》をかさね、信長《のぶなが》の信頼《しんらい》をえて異例《いれい》の出世をとげ、重臣《じゅうしん》となる。長篠合戦《ながしののかっせん》では、鉄砲隊《てっぽうたい》を指揮《しき》して大勝利に貢献《こうけん》した。

対決！

天正伊賀の乱《てんしょういがのらん》

織田軍《おだぐん》 VS《バーサス》 伊賀忍者《いがにんじゃ》

合戦データ					
◆第一次天正伊賀の乱《てんしょういがのらん》 ◆1579年 秋 ◆伊賀《いが》（三重県《みえけん》西部）					
織田軍《おだぐん》	総大将《そうだいしょう》	織田信雄《おだのぶかつ》	戦力《せんりょく》	約8千人	負け
伊賀者《いがもの》	総大将《そうだいしょう》	百地丹波《ももちたんば》ほか	戦力《せんりょく》	不明	勝ち

伊賀《いが》の里に織田軍《おだぐん》が侵攻《しんこう》する

一五七九年、信長《のぶなが》の次男の織《お》田信雄《だのぶかつ》が、伊賀《いが》を支配下《しはいか》におこうと、信長《のぶなが》に無断《むだん》で八千の兵をひきいて進撃《しんげき》した。第一次天正《てんしょう》伊賀《いが》の乱《らん》だ。

対する伊賀《いが》の地侍《じざむらい》は、複数《ふくすう》の集団《しゅうだん》で協力体制《たいせい》をしき、地の利をいかして神出鬼没《しんしゅつきぼつ》の奇襲《きしゅう》で応《おう》戦《せん》。何度にもわたって敵陣《てきじん》に夜《よ》討《う》ちをかけ、ほうぼうに火をはなってかく乱《らん》し、ついに織田軍《おだぐん》を退却《たいきゃく》させた。

この事態《じたい》を知った信長《のぶなが》は激怒《げきど》した。息子の信雄《のぶかつ》の独断《どくだん》をしかりつける一方で、伊賀者《いがもの》に対する怒《いか》りもつのらせる。そして一五八一年、信長《のぶなが》は、信雄《のぶかつ》を総《そう》大将《だいしょう》にすえて五万におよぶ大軍を編成《へんせい》し、ふたたび伊賀《いが》への侵《しん》攻《こう》を命《めい》じた。この合戦が、第二

合戦データ	◆第二次天正伊賀の乱《てんしょういがのらん》	◆1581年 秋	◆伊賀(三重県西部)《いがみえけん》			
織田軍《おだぐん》	総大将《そうだいしょう》	織田信雄《おだのぶかつ》	戦力《せんりょく》	約5万人	勝ち	
伊賀者《いがもの》	総大将《そうだいしょう》	百地丹波《ももちたんば》ほか	戦力《せんりょく》	約9千人	負け	

イラスト：織田軍《おだぐん》と伊賀者《いがもの》の乱戦《らんせん》

次天正伊賀《てんしょういが》の乱《らん》である。

信雄《のぶかつ》は、前回の汚名《おめい》をはらさんとばかりに、満を持《じ》して伊賀《いが》へとのりこんだ。大軍を分割《ぶんかつ》し、伊賀《いが》の里を四方からとりかこんで、一気に猛攻《もうこう》をかけたのだ。伊賀者《いがもの》たちは懸命《けんめい》に応戦《おうせん》したが、圧倒的《あっとうてき》な兵力の差になすすべなく、二週間ほどで敗北した。その後、伊賀《いが》にあった村や寺院はすべて焼かれ、この地にくらす多くの人々《ひとびと》は皆殺《みなごろ》しにされたという。

地侍衆《じざむらいしゅう》たちのその後

第二次天正伊賀《てんしょういが》の乱《らん》での敗北で、頭領《とうりょう》の百地丹波《ももちたんば》は戦死したとつたわる。一方で、他国へとのがれて、ふたたび武装集団《ぶそうしゅうだん》を結成したという説もある。

三河《みかわ》の徳川家康《とくがわいえやす》は、この合戦でかろうじて逃《に》げのびてきた伊賀者《いがもの》をうけいれ、信長《のぶなが》の目からかくまったという。家康《いえやす》の配下には、伊賀者《いがもの》の大頭領《だいとうりょう》である服部半蔵正成《はっとりはんぞうまさなり》がいた。彼《かれ》をたよって身をよせる伊賀者《いがもの》も多かったとみられる。

戦国乱世《らんせい》のなかで地侍衆《じざむらいしゅう》は大いに活躍《かつやく》したが、豊臣秀吉《とよとみひでよし》が天下統一《てんかとういつ》をはたしてからは、仕事にあぶれて盗賊《とうぞく》などに身をおとす者が続出した。北条家《ほうじょうけ》に仕《つか》えた風魔党《ふうまとう》では、頭領《とうりょう》の風魔小太郎《ふうまこたろう》ですら盗賊《とうぞく》になりさがり、のちにとらわれて処刑《しょけい》された。

信長《のぶなが》のライバル 九

毛《も》利《う》家《り け》

急速に勢力《せいりょく》を拡大《かくだい》させたのち、信長《のぶなが》包囲網《ほういもう》に参加。水軍《すいぐん》による海戦で激突《げきとつ》する。

本拠地《ほんきょち》 安芸《あき》（広島県《ひろしまけん》）

居城《きょじょう》 吉田郡山城《よしだこおりやまじょう》

中国《ちゅうごく》を圧倒《あっとう》した覇者《はしゃ》 信長《のぶなが》に海戦をいどむ

　中国《ちゅうごく》地方には、尼子家《あまごけ》や大内家《おおうちけ》などの強豪《きょうごう》がひしめいていた。そこへ彗星《すいせい》のごとくあらわれたのが、毛利元就《もうりもとなり》だ。彼《かれ》は、小領主《しょうりょうしゅ》にすぎなかった毛利家《もうりけ》の当主となると、ぬきんでた智謀《ちぼう》を駆使《くし》して隣国《りんごく》を撃破《げきは》し、破竹《はちく》のいきおいで領地《りょうち》を拡大《かくだい》。一代で中国《ちゅうごく》地方の広域《こういき》を支《し》配下《はいか》においた。「一本の矢はたやすくおれるが、三本たばねればおれない」という「三矢《さんし》の訓《くん》」の教訓は、元就《もとなり》が三人の息子たちに結束をうながしたものだ。

　元就《もとなり》と信長《のぶなが》は、おたがいの快進《かいしん》撃《げき》を意識《いしき》していたが、領地《りょうち》がはなれていることもあり、直接的《ちょくせつてき》な武《ぶ》力衝突《りょくしょうとつ》にはいたらなかった。そして、一五七一年に元就《もとなり》が病没《びょうぼつ》。孫の輝元《てるもと》が、当主として毛利家《もうりけ》をひきいていくことになる。

　輝元《てるもと》は、信長《のぶなが》に追放された将軍《しょうぐん》足利義昭《あしかがよしあき》をかくまい、石山本願寺《いしやまほんがんじ》に物資《ぶっし》を援助《えんじょ》して、信長包囲網《のぶながほういもう》に協力した。一方、信長《のぶなが》は、石山本《いしやまほん》願寺《がんじ》への物資供給《ぶっしきょうきゅう》を阻止《そし》するため、九鬼嘉隆《くきよしたか》ひきいる織田水軍《おだすいぐん》を派遣《はけん》。海戦を得意とする猛者《もさ》たちの力で、海路の制圧《せいあつ》をねらった。

　対する輝元《てるもと》は、最強《さいきょう》の水軍《すいぐん》と称《しょう》される毛利水軍《もうりすいぐん》を配備《はいび》。さらに、元海賊《かいぞく》の村上武吉《むらかみたけよし》ひきいる村上水《むらかみすい》軍《ぐん》も味方につけて、きたるべき大海戦にそなえた。

戦国史にのこる大海戦が 大坂湾《おおさかわん》の木津川口《きづがわぐち》で勃発《ぼっぱつ》！

海上のなんでも屋 戦国時代の「水軍《すいぐん》」

　戦国時代の「水軍《すいぐん》」は、海上活動を専《せん》門《もん》とする集団《しゅうだん》だ。織田家《おだけ》に協力した九鬼《くき》水軍《すいぐん》は志摩《しま》を本拠《ほんきょ》とし、毛利家《もうりけ》に協力した村上水軍《むらかみすいぐん》は伊予《いよ》に本拠《ほんきょ》をおく。彼《かれ》らは、大名などからの依頼《いらい》をうけ、平時には海上での物資運搬《ぶっしうんぱん》をおこない、戦時には弓矢や爆弾《ばくだん》などをつかってたたかった。

　水軍《すいぐん》の船は、安宅船《あたけぶね》という旗艦《きかん》を中心に、中型の艦船《かんせん》、小型の小早船《こはやぶね》などで構《こう》成《せい》される。安宅船《あたけぶね》は、百人以上がのれる巨船《きょせん》で、天守閣《てんしゅかく》のような建造物《けんぞうぶつ》をそなえたものもあった。

対決！

木津川口《きづがわぐち》の戦《たたか》い

織田水軍《おだすいぐん》 VS《バーサス》 毛利水軍《もうりすいぐん》

合戦データ					
◆第一次木津川口《きづがわぐち》の戦《たたか》い　◆1576年 夏　◆木津川河口《きづがわかこう》（大阪湾《おおさかわん》）					
織田水軍《おだすいぐん》	総大将《そうだいしょう》	九鬼嘉隆《くきよしたか》	戦力《せんりょく》	約300隻《せき》	負け
毛利水軍《もうりすいぐん》	総大将《そうだいしょう》	村上元吉《むらかみもとよし》（武吉《たけよし》の息子）	戦力《せんりょく》	約700隻《せき》	勝ち

二度にわたる海上決戦
勝敗をわけた「鉄甲船《てっこうせん》」

一五七六年、木津川口《きづがわぐち》。織田《おだ》水軍《すいぐん》は、石山本願寺《いしやまほんがんじ》に物資《ぶっし》をはこぶ毛利《もうり》水軍《すいぐん》を発見し、先制攻《せんせいこう》撃《げき》をするべく一気に距離《きょり》をつめた。すると毛利《もうり》水軍《すいぐん》は、得意とする火矢《ひや》と爆弾《ばくだん》で猛烈《もうれつ》に応戦《おうせん》。織田《おだ》水軍《すいぐん》の船は引火して炎上《えんじょう》し、壊滅的《かいめつてき》な打撃《だげき》をうけた。第一次木津川口《きづがわぐち》の戦《たたか》いは、毛利《もうり》水軍《すいぐん》の圧勝《あっしょう》におわった。

敗北の報《ほう》をうけたとき、信長《のぶなが》は「ならば、もえない船をつくればよい」といったという。その命《めい》をうけて、滝川一益《たきがわかずます》と九鬼《くき》嘉隆《よしたか》が開発したのが、大型船を鉄板でおおった「鉄甲船《てっこうせん》」だ。

一五七八年、毛利《もうり》水軍《すいぐん》は、数《すう》隻《せき》の巨船《きょせん》で編成《へんせい》された織田《おだ》水軍《すいぐん》と、ふたたび木津川口《きづがわぐち》で遭遇《そうぐう》した。見たこともない異様《いよう》な外観

合戦データ					
◆第二次木津川口の戦い《きづがわぐちのたたか》 ◆1578年 冬 ◆木津川河口《きづがわかこう》（大阪湾《おおさかわん》）					
織田水軍《おだすいぐん》	総大将《そうだいしょう》	九鬼嘉隆《くきよしたか》	戦力《せんりょく》	不明（数隻《せき》とも）	勝ち
毛利水軍《もうりすいぐん》	総大将《そうだいしょう》	村上武吉《むらかみたけよし》	戦力《せんりょく》	約600隻《せき》	負け

イラスト：毛利水軍《もうりすいぐん》を撃破《げきは》する織田水軍《おだすいぐん》の鉄甲船《てっこうせん》

におどろきながらも、前回と同様に火矢《ひや》と爆弾《ばくだん》で猛攻《もうこう》をかける。しかし、まったく引火する気配がない。そうこうするうちに、敵《てき》の船と距離《きょり》がつまってしまう。

鉄甲船《てっこうせん》は、毛利水軍《もうりすいぐん》の大将《たいしょう》がのる大型船に接近《せっきん》すると、それまでかくしていた大砲《たいほう》と大型鉄《てっ》砲《ぽう》で激烈《げきれつ》な砲撃《ほうげき》をはじめた。大《たい》将《しょう》の船に集中攻撃《こうげき》をあびた毛利《もうり》水軍《すいぐん》は総《そう》くずれとなり、やむなく退却《たいきゃく》。織田水軍《おだすいぐん》は快勝《かいしょう》をおさめ、前回の雪辱《せつじょく》をはたした。

中国《ちゅうごく》地方の攻略《こうりゃく》

織田水軍《おだすいぐん》が木津川口《きづがわぐち》付近の海域《かいいき》を制圧《せいあつ》したことで、毛利水軍《もうりすいぐん》の海運がとどこおり、物資《ぶっし》の搬入《はんにゅう》がとまった石山本願寺《いしやまほんがんじ》はおいつめられていく。そして、一五七〇年からつづく石山合戦《いしやまかっせん》は、一五八〇年、石山本願寺《いしやまほんがんじ》門主《もんしゅ》の顕如《けんにょ》が信長《のぶなが》に降伏《こうふく》し、ついに終結。顕如《けんにょ》が主導《しゅどう》した信長包囲網《のぶながほういもう》は、毛利家《もうりけ》をのぞいて、ほぼ壊滅《かいめつ》した。

信長《のぶなが》は、毛利家《もうりけ》を討伐《とうばつ》するべく、家臣《かしん》の羽柴秀吉《はしばひでよし》に中国《ちゅうごく》地方の攻略《こうりゃく》を命《めい》じた。ここぞとばかりに才覚《さいかく》を発揮《はっき》した秀吉《ひでよし》は、破竹《はちく》のいきおいで進撃《しんげき》する。しかし、堅牢《けんろう》な備《びっ》中高松城《ちゅうたかまつじょう》に大規模《だいきぼ》な水攻《みずぜ》めをしかけているさなか、事態《じたい》が急変した。秀吉《ひでよし》は、毛利家《もうりけ》と和睦《わぼく》し、あわてて京《きょう》へと撤退《てったい》する。

事態《じたい》の急変……「本能寺《ほんのうじ》の変《へん》」である。

最盛期《さいせいき》の織田家《おだけ》の勢力《せいりょく》

尾張《おわり》一国からはじまった織田家《おだけ》の勢力《せいりょく》は、天下統《てんかとう》一《いっ》にむけて拡大《かくだい》の一途《いっと》をたどった。次の勢力《せいりょく》地図は、その最盛期《さいせいき》にあたる、本能寺《ほんのうじ》の変《へん》の直前のものだ。

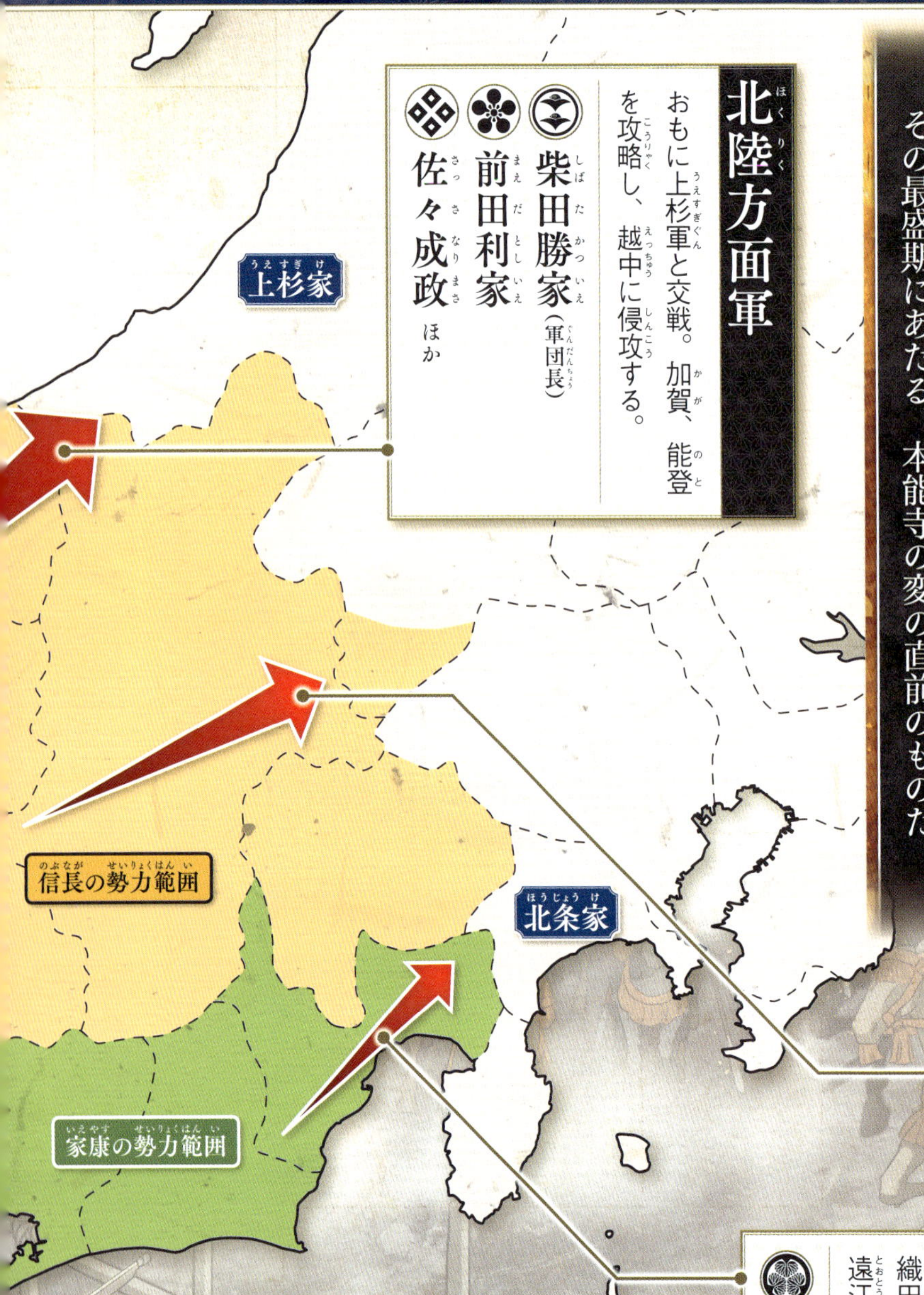

北陸《ほくりく》方面軍

おもに上杉軍《うえすぎぐん》と交戦。加賀《かが》、能登《のと》を攻略《こうりゃく》し、越中《えっちゅう》に侵攻《しんこう》する。

柴田勝家《しばたかついえ》（軍団長《ぐんだんちょう》）
前田利家《まえだとしいえ》
佐々成政《さっさなりまさ》
ほか

関東《かんとう》方面担当

武田家《たけだけ》の討伐《とうばつ》後、相模《さがみ》の北条家《ほうじょうけ》を牽制《けんせい》しつつ、関東《かんとう》の鎮定《ちんてい》にあたる。

滝川一益《たきがわかずます》

東海《とうかい》方面軍（徳川家《とくがわけ》）

織田家《おだけ》とは強い同盟《どうめい》関係にある。三河《みかわ》、遠江《とおとうみ》、駿河《するが》を支配《しはい》。

徳川家康《とくがわいえやす》

四国《しこく》方面軍

長宗我部家《ちょうそかべけ》の討伐《とうばつ》のため、四国《しこく》への遠征《えんせい》を開始する。

織田信孝《おだのぶたか》（軍団長《ぐんだんちょう》・信長《のぶなが》の三男）
丹羽長秀《にわながひで》（副長）
ほか

「本能寺《ほんのうじ》の変《へん》」直前の信長《のぶなが》の動向

本能寺《ほんのうじ》の変《へん》がおこる半月ほど前、信《のぶ》長《なが》は、同盟《どうめい》をむすぶ徳川家康《とくがわいえやす》を安土城《あづちじょう》にまねき、数日間にわたり手あつく接《せっ》待《たい》した。そのとき、中国《ちゅうごく》地方の征討《せいとう》にあたる羽柴秀吉《はしばひでよし》から援軍《えんぐん》の要請《ようせい》がとどいたため、明智光秀《あけちみつひで》の派遣《はけん》をきめる。信長《のぶなが》は、自身も中国《ちゅうごく》地方に出陣《しゅつじん》するべく、少数の家臣《かしん》とともに京《きょう》に移動《いどう》し、宿泊《しゅくはく》先の本能寺《ほんのうじ》にはいった。そして、挨拶《あいさつ》にきた数十人の公家《くげ》たちに対し、茶会をひらいてもてなしている。

近畿《きんき》方面担当

丹波《たんば》と丹後《たんご》を制圧《せいあつ》。その後、中国《ちゅうごく》方面軍への援軍《えんぐん》を命《めい》じられる。

明智光秀《あけちみつひで》

中国《ちゅうごく》方面軍

毛利家《もうりけ》の討伐《とうばつ》にあたる。播磨《はりま》、但馬《たじま》、備前《びぜん》、美作《みまさか》、淡路《あわじ》を攻略《こうりゃく》。

羽柴秀吉《はしばひでよし》（軍団長《ぐんだんちょう》）

黒田官兵衛《くろだかんべえ》 ほか

信長《のぶなが》のライバル 十

明《あけ》智《ち》光《みつ》秀《ひで》

幕府《ばくふ》や朝廷《ちょうてい》との交渉役《こうしょうやく》で
出世をとげた織田家《おだけ》重臣《じゅうしん》。
唐突《とうとつ》に信長《のぶなが》をうらぎる。

本拠地《ほんきょち》 近江《おうみ》（滋賀県《しがけん》）

居《きょ》 城《じょう》 坂本城《さかもとじょう》

日本史最大のミステリー「本能寺《ほんのうじ》の変《へん》」の首謀者《しゅぼうしゃ》

明智光秀《あけちみつひで》の経歴《けいれき》は複雑《ふくざつ》だ。美濃《みの》の明智家《あけちけ》にうまれ、若《わか》いころは斎《さい》藤道三《とうどうさん》に仕《つか》えた。道三《どうさん》が息子の義《よし》龍《たつ》に討《う》たれると、光秀《みつひで》は美濃《みの》から脱出《だっしゅつ》し、越前《えちぜん》の朝倉義景《あさくらよしかげ》の家臣《かしん》となる。このときに、将軍《しょうぐん》の座《ざ》をねらう足利義昭《あしかがよしあき》と交流をもち、その願望をかなえられる相手として、信長《のぶなが》を推薦《すいせん》。この仲介《ちゅうかい》の功をきっかけに、光秀《みつひで》は将軍《しょうぐん》となった義昭《よしあき》の幕臣《ばくしん》にひきたてられ、同時に、織田家《おだけ》にも仕《つか》えた。その後、義昭《よしあき》と信長《のぶなが》が対立すると、光秀《みつひで》は織田《おだ》家《け》につくことをえらぶ。

幕府《ばくふ》と朝廷《ちょうてい》につながりをもつ光《みつ》秀《ひで》は、天下統一《てんかとういつ》をめざす信長《のぶなが》にかかせない交渉役《こうしょうやく》をつとめて出世し、やがて重臣《じゅうしん》となった。また、各地の合戦でも活躍《かつやく》し、信長《のぶなが》から「家《か》臣《しん》一番のはたらき」と称賛《しょうさん》をうけたこともある。

光秀《みつひで》の人柄《ひとがら》はさまざまにつたわり、一定しない。頭脳明晰《ずのうめいせき》で勇気ある名将《めいしょう》。和歌や茶の湯をこのむ文化人。愛妻家《あいさいか》。信心ぶかい仏教《ぶっきょう》徒《と》。裏切《うらぎ》りや密会《みっかい》を多用する策士《さくし》。狡猾《こうかつ》で独裁的《どくさいてき》な野心家……など。

信長《のぶなが》は、中国《ちゅうごく》地方に進軍した羽《は》柴秀吉《しばひでよし》の援軍《えんぐん》として、光秀《みつひで》に出兵を命《めい》じた。そして、信長《のぶなが》自身も援《えん》軍《ぐん》にむかうべく、安土城《あづちじょう》を出発して京《きょう》にはいった。その宿泊先《しゅくはくさき》は、本能寺《ほんのうじ》である。

明智軍《あけちぐん》は進撃《しんげき》目標を変じ、本能寺《ほんのうじ》を包囲する！

裏切《うらぎ》られてばかりの信長《のぶなが》 光秀《みつひで》の不満とは？

信長《のぶなが》は、よく裏切《うらぎ》られている。弟の信《のぶ》行《ゆき》の謀叛《むほん》をはじめ、将軍《しょうぐん》の足利義昭《あしかがよしあき》、義《ぎ》理《り》の弟の浅井長政《あざいながまさ》、家臣《かしん》の松永久秀《まつながひさひで》や荒《あら》木村重《きむらしげ》など。信長《のぶなが》は、その都度おどろき、激怒《げきど》した。彼《かれ》は、皆《みな》を信頼《しんらい》していたがゆえに、その不満に気づかなかったのだ。

光秀《みつひで》の不満は具体的には不明だが、たとえば延暦寺《えんりゃくじ》焼《や》き討《う》ちに対し、彼《かれ》は強く反対している。しかし、それが信長《のぶなが》を激《げき》怒《ど》させ、光秀《みつひで》が焼《や》き討《う》ちの実行指揮《しき》を命《めい》じられた。また、新参者である光秀《みつひで》は、織田家臣団《おだかしんだん》からきらわれていたという。

対決!

本能寺《ほんのうじ》の変《へん》

織田信長《おだのぶなが》 VS《バーサス》 明智光秀《あけちみつひで》

間隙《かんげき》をつく光秀《みつひで》の奇襲《きしゅう》 信長《のぶなが》、炎《ほのお》とともに散る

明智光秀《あけちみつひで》は、本能寺《ほんのうじ》に滞在《たいざい》する織田信長《おだのぶなが》の殺害を決心した。

「敵《てき》は本能寺《ほんのうじ》にあり!」

光秀《みつひで》の宣言《せんげん》をきいた兵たちは、信長《のぶなが》の命令で、本能寺《ほんのうじ》にいる敵《てき》を襲撃《しゅうげき》するとおもっていたという。そして、夜中にひっそりと本能寺《ほんのうじ》を包囲した明智軍《あけちぐん》は、明け方、突撃《とつげき》を開始した。

信長《のぶなが》は、外のさわぎで目をさまし、「誰《だれ》の謀叛《むほん》だ」と世話役にきいた。明智光秀《あけちみつひで》のようです、との返事に、「是非《ぜひ》におよばず」(しかたがない)とつぶやく。

信長《のぶなが》は、弓矢をとって応戦《おうせん》したが、やがて弓の弦《げん》が切れた。次は槍《やり》をとって奮戦《ふんせん》するも、ひじを負傷《ふしょう》してしまい、建物の奥《おく》へとひく。その間、森蘭丸《もりらんまる》ら側近たちが次々《つぎつぎ》と戦死。御殿《ごてん》には

合戦データ				
◆1582年 夏 ◆京《きょう》（京都府《きょうとふ》）本能寺《ほんのうじ》				
織田軍《おだぐん》	総大将《そうだいしょう》 織田信長《おだのぶなが》	戦力《せんりょく》	約100人	負け
明智軍《あけちぐん》	総大将《そうだいしょう》 明智光秀《あけちみつひで》	戦力《せんりょく》	約1万3千人	勝ち

イラスト：炎上《えんじょう》する本能寺《ほんのうじ》にたたずむ信長《のぶなが》

火がはなたれ、炎上《えんじょう》していた。

信長《のぶなが》は、御殿《ごてん》の中でふるえる女性《じょせい》たちを逃《に》がしてから、ひとり奥《おく》の間《ま》にはいり、その扉《とびら》をとざした。

「人間《じんかん》五十年《ごじゅうねん》、化天《げてん》のうちを比《くら》ぶれば、夢幻《ゆめまぼろし》の如《ごと》くなり——」

もえさかる炎《ほのお》の中、信長《のぶなが》はひとり、自害したとつたわる。

午前七時ごろ、本能寺《ほんのうじ》は完全に焼けおちた。その後、戦死者の確認《かくにん》がおこなわれたが、信長《のぶなが》の遺体《いたい》は発見されなかった。

謎《なぞ》多き光秀《みつひで》の凶行《きょうこう》

なぜ光秀《みつひで》は信長《のぶなが》を襲撃《しゅうげき》したのか。信長《のぶなが》への怨恨説《えんこんせつ》、朝廷《ちょうてい》からの密命説《みつめいせつ》、天下統一《てんかとういつ》を夢《ゆめ》みた光秀《みつひで》の野望説など、さまざまに論《ろん》じられるが、その真相は今も謎《なぞ》のままだ。

明智軍《あけちぐん》は二条御所《にじょうごしょ》も襲撃《しゅうげき》し、信長《のぶなが》の長男である信忠《のぶただ》を切腹《せっぷく》においこんだ。信長《のぶなが》と信《のぶ》忠《ただ》というリーダーがともに死亡《しぼう》したことで、織田政権《おだせいけん》は、実質的《じっしつてき》に崩壊《ほうかい》した。

光秀《みつひで》は、さらに進撃《しんげき》して近江《おうみ》と美濃《みの》を支《し》配下《はいか》におき、天下取りに名乗りをあげる。しかし、中国《ちゅうごく》地方の遠征《えんせい》から急遽《きゅうきょ》もどってきた羽柴秀吉《はしばひでよし》をはじめ、集結した織田軍《おだぐん》の猛攻《もうこう》をうけて、山崎《やまざき》の戦《たたか》いで敗北。最期は、自害したとも、農民に竹やりでさされたともつたわる。光秀《みつひで》の天下は、本能寺《ほんのうじ》の変《へん》から、わずか十一日間だった。

信長《のぶなが》の死後の情勢《じょうせい》

天下統一《てんかとういつ》をはたせず、信長《のぶなが》はこの世をさった。その野望は、農民から身をたてた豊臣秀吉《とよとみひでよし》が達成し、小領主《しょうりょうしゅ》にすぎなかった徳川家康《とくがわいえやす》によって完遂《かんすい》される。

豊臣秀吉《とよとみひでよし》が天下を統一《とういつ》

織田《おだ》家臣《かしん》のひとりだった秀吉《ひでよし》が、本能寺《ほんのうじ》の変《へん》をおこした明智光秀《あけちみつひで》を討《う》ちとり、信長《のぶなが》の権力《けんりょく》を継承《けいしょう》した。関《かん》白《ぱく》の座《ざ》についた秀吉《ひでよし》は、四国《しこく》、九州《きゅうしゅう》、関東《かんとう》、東北《とうほく》を攻《こう》略《りゃく》し、全国の大名をしたがわせて、天下統一《てんかとういつ》をはたす。秀吉《ひでよし》は、豊臣政権《とよとみせいけん》の頂点《ちょうてん》に君臨《くんりん》し、さまざまな法律《ほうりつ》をつくって国をおさめたのち、病気で他界した。

徳川家康《とくがわいえやす》が江戸幕府《えどばくふ》をひらく

秀吉《ひでよし》の死後、全国の大名が二手《ふたて》にわかれてあらそった関ヶ原《せきがはら》の戦《たたか》いで、家康《いえやす》が総大将《そうだいしょう》をつとめる東軍《とうぐん》が勝利した。家康《いえやす》は、その機をのがさず征夷大将軍《せいいたいしょうぐん》に就任《しゅうにん》し、江戸幕府《えどばくふ》をひらいて、天下を手にする。その後、大坂《おおさか》の役《えき》で豊臣家《とよとみけ》の残存勢力《ざんぞんせいりょく》を一掃《いっそう》し、徳川将軍家《とくがわしょうぐんけ》と江戸《えど》幕府《ばくふ》の権力《けんりょく》を磐石《ばんじゃく》なものとした。

信長《のぶなが》の人物評《じんぶつひょう》

信長《のぶなが》とおなじ時代に生きた者たちは、彼《かれ》をどのように評価《ひょうか》していたのか。いくつかの史書から、その内容《ないよう》がうかがえる。

豊臣秀吉《とよとみひでよし》

信長《のぶなが》の忠実《ちゅうじつ》な家臣《かしん》だった秀吉《ひでよし》だが、本心では信長《のぶなが》を酷評《こくひょう》していたとつたわる。

「信長公《のぶながこう》は、勇将《ゆうしょう》ではあるが良将《りょうしょう》ではない。一度でも敵対《てきたい》した者には激怒《げきど》しつづけ、その根を絶《た》って葉を枯《か》らそうとする。器量がせまく人間が小さいため、皆《みな》から恐《おそ》れられるが、愛されはしない」

宣教師《せんきょうし》フロイス

ポルトガル人のキリスト教宣教師《せんきょうし》、ルイス・フロイス。信《のぶ》長《なが》から近くにいることをゆるされた彼《かれ》は、『フロイス日本《にほん》史《し》』という歴史書のなかで、信長像《のぶながぞう》についてもしるしている。「信長《のぶなが》は、尊大《そんだい》で名誉欲《めいよよく》が強く、家臣《かしん》の助言はほとんどきかなかったが、身分の低い者とも親しくはなす人情味《にんじょうみ》もあった。すべての大名を軽蔑《けいべつ》し、家臣《かしん》には絶対君主《ぜったいくんしゅ》のようにふるまった。合戦となると大胆《だいたん》であり、それでいて忍耐《にんたい》強く、すぐれた才略《さいりゃく》を発揮《はっき》する。彼《かれ》は、人の心を支配《しはい》する術《すべ》を心得ていた」

江戸《えど》時代になると、信長《のぶなが》は、学者など多くの人物から「悪辣《あくらつ》」「非道《ひどう》」「暴君《ぼうくん》」などと悪評《あくひょう》された。短気で残忍《ざんにん》という信長像《のぶながぞう》を端的《たんてき》にあらわした「なかぬなら　殺してしまえ　ほととぎす」という川柳《せんりゅう》は、江戸《えど》時代後期にうたわれたものだ。

戦国期年表

戦国時代の幕《まく》あけから天下太平《てんかたいへい》にいたるまでの、戦国期のおもなできごとをまとめた年表です。信長《のぶなが》にまつわることがらは、赤文字であらわしています。

室町《むろまち》時代後期［戦国時代］

西暦《せいれき》	できごと
一四六七	応仁《おうにん》の乱《らん》がおこる。
一五三四	吉法師《きっぽうし》（織田信長《おだのぶなが》）が誕生《たんじょう》する。
一五三五	吉法師《きっぽうし》（織田信長《おだのぶなが》）が那古野城《なごやじょう》の城主《じょうしゅ》になる。
一五四三	種子島《たねがしま》に鉄砲《てっぽう》が伝来する。
一五四六	河越夜戦《かわごえやせん》。北条氏康《ほうじょううじやす》が上杉軍《うえすぎぐん》をやぶる。 吉法師《きっぽうし》が元服《げんぷく》し織田信長《おだのぶなが》と名のる。
一五四七	織田信長《おだのぶなが》が今川家《いまがわけ》との合戦で初陣《ういじん》をかざる。
一五四八	織田信長《おだのぶなが》が斎藤道三《さいとうどうさん》の娘《むすめ》の濃姫《のうひめ》（帰蝶《きちょう》）と結婚《けっこん》する。
一五四九	フランシスコ=ザビエルがキリスト教の布教《ふきょう》のため来日する。
一五五一	織田信秀《おだのぶひで》が病死し、信長《のぶなが》が織田家《おだけ》当主になる。 陶晴賢《すえはるかた》の謀叛《むほん》により大内義隆《おおうちよしたか》が自害する。
一五五三	川中島《かわなかじま》の戦《たたか》い（一回目）。武田信玄《たけだしんげん》と上杉謙信《うえすぎけんしん》が合戦する。
一五五五	川中島《かわなかじま》の戦《たたか》い（二回目）。 厳島《いつくしま》の戦《たたか》い。毛利元就《もうりもとなり》が陶晴賢《すえはるかた》をやぶる。
一五五六	長良川《ながらがわ》の戦《たたか》い。斎藤道三《さいとうどうさん》が息子の義龍《よしたつ》にやぶれて戦死する。 稲生《いのう》の戦《たたか》い。織田信長《おだのぶなが》が謀叛《むほん》をおこした弟の信行《のぶゆき》をやぶる。 ↓P.16
一五五七	川中島《かわなかじま》の戦《たたか》い（三回目）。
一五六〇	桶狭間《おけはざま》の戦《たたか》い。織田信長《おだのぶなが》が今川義元《いまがわよしもと》を討《う》ちとる。 ↓P.20
一五六一	川中島《かわなかじま》の戦《たたか》い（四回目）。大激戦《だいげきせん》となる。
一五六二	清州同盟《きよすどうめい》。織田信長《おだのぶなが》と徳川家康《とくがわいえやす》が同盟《どうめい》をむすぶ。
一五六四	川中島《かわなかじま》の戦《たたか》い（五回目）。
一五六五	将軍足利義輝《しょうぐんあしかがよしてる》が殺害される。
一五六六	毛利元就《もうりもとなり》が尼子氏《あまごし》の月山富田城《がっさんとだじょう》をうばう。

安土《あづち》・桃山《ももやま》時代

西暦《せいれき》	できごと
一五八一	第二次天正伊賀《てんしょういが》の乱《らん》。織田軍《おだぐん》が伊賀者《いがもの》に勝利する。 ↓P.48
一五八二	天目山《てんもくざん》の戦《たたか》い。織田《おだ》・徳川《とくがわ》連合軍が武田氏《たけだし》をほろぼす。 本能寺《ほんのうじ》の変《へん》。明智光秀《あけちみつひで》が謀叛《むほん》をおこし、織田信長《おだのぶなが》が自害する。 ↓P.58 山崎《やまざき》の戦《たたか》い。羽柴秀吉《はしばひでよし》が明智光秀《あけちみつひで》をやぶる。 清洲会議《きよすかいぎ》。織田信長《おだのぶなが》の後継者《こうけいしゃ》として羽柴秀吉《はしばひでよし》が有力となる。
一五八三	賤ヶ岳《しずがたけ》の戦《たたか》い。羽柴秀吉《はしばひでよし》が柴田勝家《しばたかついえ》をやぶり、勝家《かついえ》が自害する。 羽柴秀吉《はしばひでよし》が大坂城《おおさかじょう》をきずく。
一五八四	小牧《こまき》・長久手《ながくて》の戦《たたか》い。羽柴秀吉《はしばひでよし》と徳川秀吉《とくがわひでよし》がたたかい、講和《こうわ》する。 沖田畷《おきたなわて》の戦《たたか》い。島津義久《しまづよしひさ》が龍造寺隆信《りゅうぞうじたかのぶ》をやぶり、隆信《たかのぶ》が戦死する。
一五八五	長宗我部元親《ちょうそかべもとちか》が四国《しこく》を統一《とういつ》する。 羽柴秀吉《はしばひでよし》が関白《かんぱく》になる。 四国平定《しこくへいてい》。羽柴秀吉《はしばひでよし》が長宗我部《ちょうそかべ》氏《し》をしたがわせる。 第一次上田合戦《うえだかっせん》。真田昌幸《さなだまさゆき》が徳川家康《とくがわいえやす》をやぶる。 惣無事令《そうぶじれい》。豊臣秀吉《とよとみひでよし》が大名間の私闘《しとう》を禁止《きんし》する。 人取橋《ひとどりばし》の戦《たたか》い。伊達政宗《だてまさむね》が、畠山《はたけやま》・佐竹《さたけ》・蘆名《あしな》の連合軍とあらそう。
一五八六	秀吉《ひでよし》が豊臣姓《とよとみせい》になる。
一五八七	九州平定《きゅうしゅうへいてい》。豊臣秀吉《とよとみひでよし》が島津氏《しまづし》をしたがわせる。 バテレン追放令《ついほうれい》。豊臣秀吉《とよとみひでよし》がキリスト教を禁止《きんし》する。
一五八八	刀狩令《かたながりれい》。豊臣秀吉《とよとみひでよし》が農民から武器《ぶき》を没収《ぼっしゅう》する。 海賊取締令《かいぞくとりしまりれい》。豊臣秀吉《とよとみひでよし》が海賊行為《かいぞくこうい》を禁止《きんし》する。

室町《むろまち》時代後期［戦国時代］

年	できごと
一五六七	稲葉山城《いなばやまじょう》の戦《たたか》い。織田信長《おだのぶなが》が斎藤龍興《さいとうたつおき》をやぶり美濃《みの》を獲得《かくとく》する。↓P.24
一五六八	浅井長政《あざいながまさ》とお市《いち》の方《かた》（信長《のぶなが》の妹）が結婚《けっこん》する。 織田家《おだけ》と浅井家《あざいけ》が同盟《どうめい》をむすぶ。 織田信長《おだのぶなが》が足利義昭《あしかがよしあき》を奉《ほう》じて入京《にゅうきょう》、義昭《よしあき》が将軍《しょうぐん》になる。
一五七〇	今山《いまやま》の戦《たたか》い。龍造寺隆信《りゅうぞうじたかのぶ》が大友宗麟《おおともそうりん》をやぶる。 金ヶ崎《かねがさき》の戦《たたか》い。織田《おだ》・徳川《とくがわ》連合軍が、浅井《あざい》・朝倉《あさくら》連合軍にやぶれる。 姉川《あねがわ》の戦《たたか》い。織田《おだ》・徳川《とくがわ》連合軍が、浅井《あざい》・朝倉《あさくら》連合軍に勝利する。↓P.28 石山合戦《いしやまかっせん》の開始。石山本願寺《いしやまほんがんじ》が織田信長《おだのぶなが》を攻撃《こうげき》する。↓P.34 志賀《しが》の陣《じん》。織田信長《おだのぶなが》が、朝倉《あさくら》・浅井《あざい》・延暦寺《えんりゃくじ》連合軍をやぶる。↓P.34
一五七一	織田信長《おだのぶなが》が比叡山延暦寺《ひえいざんえんりゃくじ》を焼《や》き討《う》ちにする。↓P.35
一五七二	三方ヶ原《みかたがはら》の戦《たたか》い。武田信玄《たけだしんげん》が徳川家康《とくがわいえやす》をやぶる。
一五七三	武田信玄《たけだしんげん》が病死する。 室町幕府滅亡《むろまちばくふめつぼう》。織田信長《おだのぶなが》が足利義昭《あしかがよしあき》を京《きょう》から追放する。 一乗谷城《いちじょうだにじょう》の戦《たたか》い。織田信長《おだのぶなが》が朝倉家《あさくらけ》をほろぼす。 小谷城《おだにじょう》の戦《たたか》い。織田信長《おだのぶなが》が浅井家《あざいけ》をほろぼす。

安土《あづち》・桃山《ももやま》時代

年	できごと
一五七四	織田信長《おだのぶなが》が長島一向一揆《ながしまいっこういっき》を鎮圧《ちんあつ》する。↓P.35
一五七五	長篠合戦《ながしののかっせん》。織田《おだ》・徳川《とくがわ》連合軍が、武田勝頼《たけだかつより》をやぶる。↓P.38
一五七六	織田信長《おだのぶなが》が安土城《あづちじょう》をきずく。 第一次木津川口《きづがわぐち》の戦《たたか》い。毛利水軍《もうりすいぐん》が織田水軍《おだすいぐん》をやぶる。↓P.52
一五七七	手取川《てどりがわ》の戦《たたか》い。上杉謙信《うえすぎけんしん》が織田軍《おだぐん》の柴田勝家《しばたかついえ》をやぶる。↓P.44
一五七八	上杉謙信《うえすぎけんしん》が病死する。 上月城《こうづきじょう》の戦《たたか》い。毛利輝元《もうりてるもと》が尼子氏《あまごし》をほろぼす。 耳川《みみかわ》の戦《たたか》い。島津義久《しまづよしひさ》が大友宗麟《おおともそうりん》をやぶる。 第二次木津川口《きづがわぐち》の戦《たたか》い。織田水軍《おだすいぐん》が毛利水軍《もうりすいぐん》をやぶる。↓P.52
一五七九	第一次天正伊賀《てんしょういが》の乱《らん》。織田軍《おだぐん》が伊賀者《いがもの》にやぶれる。↓P.48
一五八〇	石山合戦《いしやまかっせん》の終結《しゅうけつ》。織田信長《おだのぶなが》が石山本願寺《いしやまほんがんじ》に勝利する。↓P.34
一五八九	摺上原《すりあげはら》の戦《たたか》い。伊達政宗《だてまさむね》が蘆名氏《あしなし》をほろぼす。
一五九〇	小田原征伐《おだわらせいばつ》。豊臣秀吉《とよとみひでよし》が北条氏《ほうじょうし》をほろぼす。 伊達政宗《だてまさむね》が豊臣秀吉《とよとみひでよし》にしたがう。 徳川家康《とくがわいえやす》が関東《かんとう》にうつされ、江戸城《えどじょう》にはいる。
一五九一	豊臣秀吉《とよとみひでよし》が豊臣秀次《とよとみひでつぐ》に関白《かんぱく》をゆずり、太閤《たいこう》になる。
一五九二	文禄《ぶんろく》の役《えき》。豊臣秀吉《とよとみひでよし》が朝鮮出兵《ちょうせんしゅっぺい》を決行する。
一五九三	豊臣秀頼《とよとみひでより》がうまれる。
一五九五	関白《かんぱく》の豊臣秀次《とよとみひでつぐ》が謀叛《むほん》のうたがいで追放され、自害する。
一五九七	慶長《けいちょう》の役《えき》。豊臣秀吉《とよとみひでよし》が二度目の朝鮮出兵《ちょうせんしゅっぺい》を決行する。
一五九八	五大老《ごたいろう》・五奉行《ごぶぎょう》が設置《せっち》される。 豊臣秀吉《とよとみひでよし》が病死する。
一五九九	前田利家《まえだとしいえ》が病死し、五大老制《ごたいろうせい》がくずれる。
一六〇〇	会津攻《あいづぜ》め。徳川家康《とくがわいえやす》が上杉氏《うえすぎし》の謀叛《むほん》をうたがい、会津《あいづ》に出兵する。 石田三成《いしだみつなり》が、徳川家康《とくがわいえやす》の出兵のさなかに決起する。 第二次上田合戦《うえだかっせん》。真田昌幸《さなだまさゆき》が、関ケ原《せきがはら》にむかう徳川秀忠《とくがわひでただ》をやぶる。 関ケ原《せきがはら》の戦《たたか》い。徳川家康《とくがわいえやす》の東軍《とうぐん》が、石田三成《いしだみつなり》の西軍《せいぐん》をやぶる。

江戸《えど》時代

年	できごと
一六〇三	徳川家康《とくがわいえやす》が征夷大将軍《せいいたいしょうぐん》になり、江戸幕府《えどばくふ》をひらく。
一六〇五	徳川秀忠《とくがわひでただ》が二代将軍《しょうぐん》になる。
一六一四	大坂冬《おおさかふゆ》の陣《じん》。徳川氏《とくがわし》と豊臣氏《とよとみし》が大坂城《おおさかじょう》であらそい、講和《こうわ》する。
一六一五	大坂夏《おおさかなつ》の陣《じん》。徳川氏《とくがわし》が再度《さいど》、大坂城《おおさかじょう》を攻《せ》めて、豊臣氏《とよとみし》をほろぼす。
一六一六	徳川家康《とくがわいえやす》が病死する。

監修／本郷和人（ほんごう・かずと）

東京大学史料編纂所教授。文学博士。専門は日本中世政治史、および史料学。主著に、『日本史のツボ』（文藝春秋）、『真説 戦国武将の素顔』（宝島社）、『壬申の乱と関ヶ原の戦い―なぜ同じ場所で戦われたのか』（祥伝社）、『武士とはなにか 中世の王権を読み解く』『戦いの日本史 武士の時代を読み直す』（KADOKAWA）、『戦国武将の明暗』（新潮社）などがある。

イラスト／さがわゆめこ・伊藤広明

編集・デザイン・DTP／グラフィオ

執筆／笠原 宙（グラフィオ）

アートディレクション／弓場 真（グラフィオ）

参考文献

『戦国武将 人物甲冑大図鑑』『忍者大図鑑 人物・忍具・忍術』（金の星社）、『徹底図解 織田信長』『徹底図解 戦国時代』（新星出版社）、『図解雑学 織田信長』（ナツメ社）、『超ビジュアル！ 歴史人物伝 織田信長』『超ビジュアル！ 戦国武将大事典』（西東社）、『Truth In History 4 織田信長 天下統一にかけた信長の野望』『戦国武将事典』（新紀元社）、『一冊でわかる イラストでわかる 図解戦国史』（成美堂出版）、『戦国武将100選』（リイド社）、『ビジュアル版 戦国武将大百科（1 東日本編・2 西日本編・3 合戦編）』（ポプラ社）、『決定版 図説・戦国武将118』『決定版 図説・戦国甲冑集』『決定版 図説・日本刀大全』『決定版 図説・日本刀大全II 名刀・拵・刀装具総覧』『戦国の合戦』『[新装版]戦国武将100 家紋・旗・馬印FILE』『図解 日本刀事典』（学研プラス）、『戦国武将の解剖図鑑』（エクスナレッジ）、『ビジュアル 戦国1000人』（世界文化社）、『カラー版 戦国武器甲冑事典』（誠文堂新光社）、『別冊歴史読本 戦国武将列伝』『別冊歴史読本 戦国名将列伝』（新人物往来社）、『戦国武将 武具と戦術』（榌出版社）、『すぐわかる 日本の甲冑・武具[改訂版]』（東京美術）、『日本史人物辞典』（山川出版社）、『[図解]武将・剣豪と日本刀 新装版』（笠倉出版社）、『関ヶ原合戦』（講談社）、『水軍の活躍がわかる本』（河出書房新社）、『大坂の陣』『歴史の愉しみ方』（中央公論新社）、『日本刀辞典』（光芸出版）、『完本 万川集海』（国書刊行会）

※本書に掲載しているイラストは、資料等を基にして、アレンジをくわえたものです。学術的な再現を図ったものではありません。

戦国武将 三英傑大図鑑
織田信長の戦い

2018年10月　初版発行

編／グラフィオ

発行所／株式会社 金の星社
〒111-0056 東京都台東区小島1-4-3
電話／03-3861-1861（代表）
FAX／03-3861-1507
振替／00100-0-64678
ホームページ／http://www.kinnohoshi.co.jp

印刷／株式会社 廣済堂
製本／牧製本印刷 株式会社

NDC210 64P. 26.3cm ISBN978-4-323-06221-1

Published by KIN-NO-HOSHI SHA,Tokyo,Japan
乱丁落丁本は、ご面倒ですが、小社販売部宛にご送付ください。送料小社負担にてお取り替えいたします。